I0179057

FELGINES M.J. 94

Louis DE GRANDMAISON

ESSAI D'ARMORIAL

DES

ARTISTES FRANÇAIS

(XVIᵉ-XVIIIᵉ SIÈCLES)

LETTRES DE NOBLESSE
PREUVES POUR L'ORDRE DE SAINT-MICHEL

ARCHITECTES, INGÉNIEURS CIVILS ET MILITAIRES,
EMPLOYÉS DE L'ADMINISTRATION DES BATIMENTS,
FONDEURS, ENTREPRENEURS.

PARIS

HONORÉ CHAMPION, LIBRAIRE-ÉDITEUR

9, QUAI VOLTAIRE

1904

ESSAI D'ARMORIAL

DES

ARTISTES FRANÇAIS

(XVIe-XVIIIe SIÈCLES)

Louis DE GRANDMAISON

ESSAI D'ARMORIAL

DES

ARTISTES FRANÇAIS

(XVIᵉ-XVIIIᵉ SIÈCLES)

LETTRES DE NOBLESSE
PREUVES POUR L'ORDRE DE SAINT-MICHEL

ARCHITECTES, INGÉNIEURS CIVILS ET MILITAIRES,
EMPLOYÉS DE L'ADMINISTRATION DES BATIMENTS,
FONDEURS, ENTREPRENEURS.

PARIS

HONORÉ CHAMPION, LIBRAIRE-ÉDITEUR
9, QUAI VOLTAIRE

1904

ESSAI D'ARMORIAL

DES

ARTISTES FRANÇAIS

LETTRES DE NOBLESSE. — PREUVES POUR L'ORDRE DE SAINT-MICHEL.

INTRODUCTION

M. Guiffrey, le premier, a recueilli un certain nombre de lettres de noblesse accordées à des artistes français et il a publié à ce sujet deux importants articles que nous aurons souvent l'occasion de citer[1]. De son côté, M. Jacquot a communiqué à la session de 1885 des *Réunions des Sociétés des Beaux-Arts des départements* le résultat de ses recherches sur les *Anoblissements d'artistes lorrains*[2]. Enfin, nous avons donné, dans la même publication, session de 1900, quelques *Documents concernant divers artistes membres de l'ordre de Saint-Michel*[3], documents empruntés aux rares procès-verbaux des chapitres de l'ordre conservés à la Bibliothèque nationale[4].

[1] [J.-J. Guiffrey], *Société de l'histoire de l'art français. Lettres de noblesse accordées aux artistes français (XVIIe et XVIIIe siècles) suivies de la liste des artistes nommés chevaliers de l'ordre de Saint-Michel.* (Paris, Dumoulin et Baur, 1873, gr. in-8º de 44 pages; tirage à part à 50 exemplaires de la *Revue historique, nobiliaire et biographique*... sous la direction de M. L. Sandret..., nouvelle série, t. X, janv. et févr. 1873, p. 1 à 44.) — J. G[uiffrey]. *Lettres de noblesse et décorations de l'ordre de Saint-Michel conférées aux artistes au XVIIe et au XVIIIe siècle*, p. 225 à 245 des *Nouvelles Archives de l'art français*, 3e série, t. V, ou *Revue de l'art français ancien et moderne*, 6e année, nº 8, août 1889; il existe un tirage à part de cet article. — Pour simplifier, on trouvera cité ci-dessous le premier article sous la forme : Guiffrey, *Artistes anoblis*, I, et le second sous celle : Guiffrey, *Artistes anoblis*, II.

[2] A. Jacquot, *Anoblissements d'artistes lorrains* dans *Réunion des Sociétés des Beaux-Arts des départements*, t. IX, 1885, p. 116 à 132.

[3] *Réunion des Sociétés des Beaux-Arts des départements*, t. XXIV, 1900, p. 461 à 474.

[4] *Extrait du chapitre de l'ordre de Saint-Michel tenu aux Cordeliers...* (Bibl. nat., département des imprimés, recueil factice, coté Ll¹³. 9, in-4°.)

Dans l'étude qui suit, et qui complète et résume ces divers travaux, nous n'avons pas la prétention d'avoir réuni tous les documents relatifs à cette question, les circonstances et notre éloignement de Paris ne nous ayant pas permis de continuer les recherches commencées sur les conseils du maître regretté A. de Montaiglon, auquel l'histoire de l'Art doit tant de précieuses découvertes. Il y aurait lieu notamment de faire, au point de vue spécial qui nous occupe, un relevé complet de l'*Armorial général* dressé en 1696 et années suivantes ; on trouvera quelquefois ce recueil cité ci-dessous en notes ; mais un dépouillement méthodique, qui serait certainement fructueux, n'a pas été exécuté. On jugera de ce que l'on en pourrait tirer par les quelques indications suivantes, qui y ont été relevées au hasard d'autres recherches :

Nicolas DE L'ESPINE, ci-devant général des Bâtiments du Roi : *d'azur à une gerbe d'or surmontée d'une fasce d'argent chargée de trois roses de gueules.* (Paris, II, p. 717.)

Jean-François FÉLIBIEN, écuyer, seigneur des Avaux, conseiller historiographe du Roi et de ses Bâtiments, Arts et Manufactures de France et garde des Antiques de Sa Majesté : *écartelé : au premier et quatrième, d'or à un arbre de sinople et une bordure de gueules, chargée de huit besants d'argent ; au deuxième et troisième, d'azur à un chevron d'or, accompagné de deux croissants d'argent en chef et d'un cœur d'or en pointe.* (Paris, II, p. 718-719.)

Catherine MIGNARD, épouse de Jules de Pas, comte de Feuquières [fille du peintre] : *d'azur à un lion d'or et un chef de gueules, chargé de trois trèfles d'or.* (Paris, I, p. 435 [1].)

D'autres sources, où l'on pourrait puiser, existent également [2]. Quant aux documents nouveaux signalés ici, ils ont, sauf de rares exceptions, l'une des trois origines suivantes :

1. Lettres d'anoblissement et règlements d'armoiries, contenus dans la collection du Cabinet des titres de la Bibliothèque nationale

---

[1] M. GUIFFREY, *Artistes anoblis*, I, p. 9, note, avait déjà indiqué ces armes comme étant probablement celles de Pierre Mignard.

[2] On trouve par exemple indiquées dans BERTY, *les Grands Architectes français de la Renaissance* (1860), les armes de Philibert DE L'ORME ou DELORME, le célèbre architecte : *d'argent à un orme accompagné de deux tours de sinople.*

dite le Nouveau d'Hozier (aujourd'hui n°ˢ 31226 à 31562 du fonds français).

2. Preuves faites pour être admis dans l'ordre de Saint-Michel, provenant notamment du manuscrit 32962 du fonds français de la Bibliothèque nationale, volume qui portait autrefois le n° 1127 de la série dite des Volumes reliés du même Cabinet des titres. Ces preuves sont très intéressantes ; elles contiennent en effet presque toujours l'acte du baptême de l'artiste et permettent ainsi de fixer le lieu et la date de sa naissance qui sont souvent ou inconnus ou discutés ; c'est grâce à une pièce de ce genre que nous avons pu établir d'une manière définitive la date de la naissance de Soufflot, qui était jusqu'à présent controversée (voyez ci-dessous n° XXVII). Souvent on trouve aussi dans ces preuves un *Mémoire des services* plus détaillé et plus précis que les mentions, qui se lisent habituellement dans les lettres d'anoblissement.

3. Listes des membres de Saint-Michel données par l'*Almanach royal*.

Cette étude comprendra deux parties. Dans la première, on trouvera classés chronologiquement non seulement les renseignements que nous avons réunis sur des artistes proprement dits, architectes ou ingénieurs des Ponts et Chaussées — ces derniers construisirent en effet au XVIII° siècle de nombreux monuments publics — mais encore des documents relatifs à des personnages touchant quelquefois d'assez loin à l'art. On n'a pas cru devoir rejeter ces pièces, qui présentent souvent un réel intérêt. C'est ainsi que des articles sont consacrés ci-dessous à des employés de l'administration des Bâtiments du Roi comme Jean de La Motte et Périer; à des ingénieurs militaires (Louis de Cotte devenu du reste plus tard architecte du Roi, Michel Vialis, les Tardif, les Le Royer de la Sauvagère), à un ingénieur de la Marine (Clairain des Lauriers), à un ingénieur-géographe (Berthier, qui fut également architecte), à des fondeurs (Maritz, Bérenger, les Dartein), à des entrepreneurs de travaux publics (Durand, Jean Brek, Louis Pons, ce dernier qualifié aussi ingénieur-géographe) et même à quelques personnages qui ne rentrent dans aucune des catégories qui viennent d'être citées, entre autres André Dupré de Mayen, inventeur d'un feu grégeois.

Une seconde partie, qui sera publiée postérieurement, comprendra les sculpteurs, peintres, dessinateurs, musiciens et graveurs.

Chaque pièce est précédée d'une notice en général d'autant plus courte que l'artiste est plus connu ; il a paru qu'à condition de donner les principales indications il était absolument inutile de répéter ce que l'on peut trouver dans les *Dictionnaires* de Jal, de Lance, de Bauchal, de Bellier de La Chavignerie et Auvray, de Lamy, de Fétis, ou pour les artistes ayant travaillé à l'étranger dans le livre de Dussieux. On ne s'étonnera donc pas d'une disproportion entre l'importance de l'artiste et celle de la notice [1].

[1] Nous n'avons pas relevé les noms des artistes qui reçurent des titres du premier Empire ou de la Restauration, non plus que de ceux qui furent faits chevaliers de Saint-Michel par Louis XVIII et Charles X ; on les trouvera indiqués dans les deux articles de M. GUIFFREY, I, p. 44, et II, p. 243-245.

Architectes, Ingénieurs civils et militaires, Employés de l'administration des Bâtiments, Fondeurs, Entrepreneurs.

I

WAUTHIER OU VAULTIER (Jacquot) DIT DE VAUCOULEURS
(5 juillet 1510)

C'est le premier architecte dont on ait signalé l'anoblissement ; du reste, cette distinction lui fut accordée non par le roi de France, mais par le duc de Lorraine Antoine. Il était maître des œuvres du duché, quand il reçut ses lettres de noblesse, le 5 juillet 1510. Ses armes, d'après M. Jacquot, étaient : *d'azur à trois ancres géométrieuses d'or, posées deux et une, à l'orle d'argent. Cimier : une roue de grue entre deux pennes écartelées d'or et d'azur*[1].

Après lui, pendant plus d'un siècle et demi, nous ne rencontrons aucun anoblissement d'architecte.

II ET III

LE NOSTRE OU LE NÔTRE (ANDRÉ)
(1675)

ET MANSART (JULES HARDOUIN DIT)
(Septembre 1682)

Il est à peine besoin de consacrer une notice à ces deux artistes célèbres.

André Le Nostre, fils de Jean, dessinateur ordinaire des Jardins du Roi, et de Marie Jacquelin, naquit à Paris, le 12 mai 1613, et épousa, en 1640 ou 1641, Françoise Langlois ; il mourut aux

[1] JACQUOT, *Anoblissements d'artistes lorrains* dans *Réunion des Sociétés des Beaux-Arts*, t. IX, 1885, p. 130 (la planche qui accompagne ce travail donne le dessin des armoiries) ; le même, *Essai de répertoire des artistes lorrains*, 3ᵉ partie, dans le même recueil, t. XXV, 1901, p. 324-325.

Tuileries, le 15 septembre 1700. Il avait été anobli en 1675[1]. En 1676, il fut parrain d'un des enfants de J. Hardouin-Mansart[2].

Celui-ci était fils de Raphaël Hardouin, peintre ordinaire du Roi, et de Marie Gaultier, nièce de l'architecte François Mansart. Né à Paris, le 16 avril 1646, il ajouta à son nom celui de son grand-oncle, dont il fut l'élève. Le 7 février 1668, il épousa Anne Bodin et décéda à Paris, le 11 mai 1708[3]. Ses lettres de noblesse du mois de septembre 1682 ont été publiées par M. Guiffrey[4]. Hardouin-Mansart était comte de Sagonne.

L'un et l'autre furent reçus chevaliers de l'ordre de Saint-Lazare : le premier le 30 août 1681, et le second « de grâce », car il n'avait pas encore été anobli, le 7 février 1682. Ils durent en quitter la croix, quand on supprima ce qui avait été fait par le marquis de Louvois, grand vicaire de cet ordre. C'est alors, et en quelque sorte en compensation, qu'ils furent nommés chevaliers de Saint-Michel. Le duc de Beauvillier les reçut le 20 juin 1693 et le Roi leur accorda la faveur de porter la croix de l'ordre attachée sur la poitrine avec un ruban bleu. Ce privilège était tout à fait exceptionnel, comme le prouve la note suivante de la main de Clairambault : « Je ne sçache point d'autre exemple de chevaliers de Saint-Michel ausquels le Roy ait permis de porter la croix avec un petit ruban bleu sur l'estomac qu'aux S^{rs} Le Nostre, Mansart et Bernard[5]. » Le troisième personnage cité dans cette note est le célèbre banquier Samuel Bernard, qui fut reçu dans l'ordre de Saint-Michel le 16 juillet 1702. Peu auparavant, le 15 janvier 1701, Jacques Hardouin-Mansart, fils de Jules, avait épousé sa fille Madeleine Bernard[6]. On trouvera plus bas (n° VI) un quatrième exemple de cette faveur exceptionnelle; il concerne Robert de Cotte.

M. Guiffrey a déjà constaté[7] l'influence considérable de Jules Hardouin-Mansart, qui fit anoblir successivement son beau-frère

---

[1] Bibl. nat., fr. 32870, anciennement Cabinet des titres n° 1044, p. 541.
[2] JAL, *Dictionnaire critique de biographie et d'histoire*, 2ᵉ édition, 1872, 771-772.
[3] JAL, p. 832-833.
[4] GUIFFREY, *Artistes anoblis*, I, p. 6, n° II.
[5] Bibl. nationale, Clairambault, n° 1245, p. 4360.
[6] JAL, p. 833.
[7] GUIFFREY, *Artistes anoblis*, I, n°ˢ IV, V et VI.

R. de Cotte (mars 1702), son neveu Desjardins (mai 1704) et son cousin Gabriel (mai 1704). On voit qu'en outre, vers la même époque, il obtint pour le beau-père de son fils le cordon de Saint-Michel, ainsi que la faveur exceptionnelle, dont il jouissait déjà lui-même, d'en porter la croix attachée par un ruban bleu.

Expéditions qui ont esté faites pour donner l'ordre de Saint-Michel à M^{rs} Le Nôtre et Mansart.

Ils ont été faits chevaliers de Saint-Michel, parce qu'ayant esté auparavant chevaliers de Saint-Lazare, ils furent obligés d'en quitter la croix, lorsque l'on suprima ce qui avoit esté fait par M. le marquis de Louvois, en qualité de grand vicaire dudit ordre.

Lettre du Roy à M. le duc de Beauvillier, pour luy donner avis qu'il l'avoit choisy pour conférer l'ordre de Saint-Michel aux sieurs Le Nostre et Mansart. — « Mon Cousin, Ayant résolu avec les princes, commandeurs et officiers de mes Ordres, d'associer à celuy de Saint-Michel les sieurs Le Nostre et Mansart, mesme de leur permetre par une grâce particulière de porter la croix dudit ordre, attachée sur l'estomach, avec un ruban de bleu céleste, pour par cette marque d'honneur et de distinction faire connoître la satisfaction que j'ay des services qu'ils me rendent depuis longtemps et journellement avec affection et assiduité, je vous ay choisy pour leur donner la croix dudit ordre et le ruban de couleur bleu céleste pour l'attacher sur l'estomach. Vous trouverez cy-jointes les lettres que je leur écris sur ce sujet; vous les leur ferez rendre pour les avertir de ma volonté et leur ferez scavoir le lieu que vous aurez choisy et le temps auquel ils s'y trouveront pour recevoir de votre main ledit ordre, suivant la commission et instruction que je vous ay fait expédier, après quoy vous remetrez ès mains du sieur marquis de Châteauneuf, secrétaire d'État, commandeur-secrétaire desdits Ordres, les actes d'acceptation qu'ils auront fait signez de leur main et cachetez de leurs armes; et la présente n'estant à autre fin, je prie Dieu qu'Il vous ait, mon Cousin, en sa sainte garde. Écrit à Versailles, le 16 avril 1693. »

Commission à M. le duc de Beauvillier pour conférer l'ordre de Saint-Michel aux sieurs Le Nostre et Mansart...

Instruction à M. le duc de Beauvillier, commandeur des Ordres du Roy, chef du Conseil royal des finances, pour conférer l'ordre de Saint-Michel aux sieurs Le Nautre (*sic*) et Mansart. — Le Roy faisant présentement sçavoir à M. le duc de Beauvillier, commandeur de ses Ordres, chef du Conseil royal des finances de S. M., que son intention est d'associer à l'ordre de Saint-Michel les sieurs Le Nostre et Mansart et luy aiant fait expédier la commission pour leur donner le collier dudit ordre, luy a aussy fait adresser le présent mémoire, suivant lequel S. M. désire qu'il se conduise en cette occasion. — Il leur fera rendre la lettre que S. M. leur écrit sur ce sujet, les avertira du temps et du lieu auquel il pourra leur donner ledit ordre, afin qu'ils viennent l'y recevoir. — Le temps avenu, lesdits sieurs Le Nostre et Mansart s'estans rendus dans le lieu désigné, ils se mettront à genoux devant ledit sieur duc de Beauvilliers, lequel sera assis dans un fauteuil et couvert, ils liront à haute voix le serment qui suit : « Nous jurons et promettons à Dieu de bien fidellement garder et entretenir les statuts et constitutions de l'ordre de M. Saint-Michel, auquel il a plu au Roy, chef et souverain grand maistre d'iceluy, nous apeller et de porter toujours la croix d'iceluy attachée sur notre estomach, avec un ruban couleur de bleu céleste ; que, si il vient à notre connoissance aucune chose, qui puisse altérer la grandeur et dignité d'iceluy, nous nous y opposerons de tout notre pouvoir ; que, si il arrive, ce que Dieu ne veuille, que nous fussions trouvez avoir fait quelque chose digne de reproche, et pour raison de quoy nous fussions sommez ou contraints de rendre ledit ordre, nous le remettrons et restituerons incontinent et sans délay ès mains dudit Seigneur Souverain, ou de celuy qui sera commis pour le retirer de nous, sans jamais pour raison de ce porter aucune haine ou mauvaise volonté audit Souverain et frères chevaliers dudit ordre. En quoy nous engageons notre foy et honneur par la présente signée de notre main et cachetée du cachet de nos armes. » — Ce fait, ledit sieur duc de Beauvillier mettra le collier audit ordre au col desdits sieurs Le Nostre et Mansart, leur disant : « L'Ordre vous reçoit en son amiable (sic) compagnie. Dieu veuille que longuement et heureusement vous puissiez porter ledit ordre au bien, honneur et avantage d'icelle. » — Finallement, ledit sieur duc de Beauvillier retirera l'acte de serment cy-dessus, signé de la main desdits sieurs Le Nostre et Mansart et cacheté du cachet de leurs armes, pour le remettre au sieur marquis de Châteauneuf, secrétaire d'État, commandeur-secrétaire des Ordres de S. M., avec le procès-verbal qu'il dressera de ce qu'il aura fait en cette occasion, pour estre le tout mis dans les archives desdits Ordres. Fait à Versailles, le 16e avril 1693.

Lettre du Roy à M. Le Nostre...

Serment de M. Le Nostre... (identique au serment contenu ci-dessus dans l'instruction) le 20e juin 1693, signé : Le Nostre, et cacheté de son cachet sur lequel paraît un écusson chargé d'un chevron accompagné de trois colimaçons, surmonté d'un casque[1].

[1] André Le Nostre, conseiller du Roy, contrôleur général des Bâtimens de Sa Majesté, Jardins, Arts et Manufactures, chevalier de Saint-Michel : Porte *de sable*

Pareil serment de M. Mansart, signé : Hardouin-Mansart, et aussi cacheté de son cachet, sur lequel paraît un écusson chargé d'une colonne surmontée d'un soleil et accompagnée de deux aigles affrontez ; l'escu timbré d'un casque et entouré d'un collier ; pour suports, deux aigles [1].

Certificat de M. le marquis de Châteauneuf portant que le sieur Ardouin-Mansart, intendant et inspecteur général des Bâtimens du Roy, a esté receu chevalier de Saint-Michel, 16 janvier 1694. — Nous soussignez, marquis de Châteauneuf, conseiller-secrétaire d'État, commandeur-secrétaire des Ordres du Roy, certiffions à tous qu'il appartiendra que S. M. aiant nommé et eslu le sieur Hardouin-Mansart, intendant et inspecteur général de ses Bâtimens, pour estre associé dans l'ordre des chevaliers de Saint-Michel, avec permission par grâce spécialle de porter la croix dudit ordre attachée sur l'estomach avec un ruban couleur de bleu céleste, semblable à celuy que portent M^{rs} les Commandeurs de l'ordre du Saint-Esprit, ledit sieur Hardouin-Mansart a esté receu chevalier dudit ordre et en a fait et presté le serment, en tel cas accoutumé, en la chapelle du château de Versailles, le 20e jour de juin 1693, entre les mains de M. de Beauvilliers, commandeur desdits Ordres, à ce commis par S. M., après avoir par ledit sieur Mansart, satisfait à tout ce qui est requis par les statuts dudit ordre de Saint-Michel. En foy de quoy, nous avons signé le présent certiffical extrait sur les registres desdits Ordres estans en nos mains, à Versailles, ce 16e jour de janvier 1694.

(Bibl. nat., Clairambault, n° 1245, fol. 4317-4323.)

Règlement d'armoiries pour J. Hardouin-Mansart [2].

Charles d'Hozier, chevalier de la Sacrée Religion des Saincts Maurice et Lazare de Savoye, généalogiste de la Maison du Roy et juge général des armes et blazons de France,

Vû les lettres patentes en forme de charte données à Versailles, au mois de novembre 1682, signées : Louis, et sur le repli : Par le Roy, Colbert, et à côté : Visa, Le Tellier, et scellées en cire verte en lacs de soye rouge et verte, par lesquelles Sa Majesté voulant donner des marques de son estime à ceux qui exellent dans leur profession et qui par des talens extraordinaires ont mérité des témoignages de sa bienveillance, anoblit

à un chevron d'or accompagné de trois limaçons d'argent, les deux du chef adossés et celuy de la pointe contourné. (Bibliothèque nationale, *Armorial général* dressé en 1696 et années suivantes, Paris, t. I, p. 251.)

[1] Voir ci-dessous le règlement d'armoiries de J. Hardouin-Mansart.

[2] On se contentera ordinairement d'analyser les règlements d'armoiries ; il a paru toutefois intéressant de donner *in extenso* celui d'Hardouin-Mansart.

Jules Hardouin-Mansart, son premier architecte et directeur des Bâtimens de ses Maisons Royales, tant parceque l'inclination et l'habileté dans les Beaux-Arts est une vertu héréditaire à sa famille [1], qu'en considération de ce qu'il s'est rendu recommandable à la postérité par les superbes ouvrages qu'il a élevez au château de Versailles, dans les autres Maisons Royales, à Clagny, à la chapelle de l'Hôtel des Invalides, qui seront des monumens éternels de la plus sçavante architecture et le feront toujours regarder comme le digne successeur du nom et la réputation de François Mansart, son oncle, dont la mémoire est célèbre par tant de fameux et magnifiques édifices qu'il a construit dans le Royaume;

Nous, juge susdit, en vertu du pouvoir atribué à notre charge d'ordonner les armes des nouveaux anoblis, et en conséquence de la clause contenue dans lesdites lettres que ledit sieur Mansart pourra user d'armes timbrées, avons réglé en cette sorte celles qu'il portera à l'avenir pour les transmettre à sa postérité, sçavoir [2] : un écu *d'azur à une colonne d'argent, la base et le chapiteau d'or, surmontée d'un soleil de même et accostée de deux aigles d'or afrontez et regardans le soleil*, avec un casque de côté, garni de ses lambrequins aux émaux de l'écu. Duquel règlement, que nous avons enregitré dans notre regitre de juge d'armes, nous lui avons donné le présent acte pour être joint à ses dites lettres d'anoblissement.

Fait à Paris, sous notre seing et le seau de nos armes, le 19 janvier 1683. d'Hozier.

(Bibl. nat., Nouveau d'Hozier, dossier Mansart, fol. 2 ; minute signée jadis scellée [3].)

IV

Vollant (Simon)

(Mai 1685)

Architecte et ingénieur, Vollant appartenait à une vieille famille d'architectes lillois ; fils de Jean et de Jeanne Pronier, il naquit le 1er février 1622. Louis XIV l'anoblit en mai 1685 ; il était mort

---

[1] Ici les mots suivants qui ont été effacés : *Son père s'étant acquis une expérience singulière dans la peinture.*

[2] Au milieu de la feuille se trouvent les armoiries peintes. — Ces armes furent enregistrées à l'*Armorial général* dressé en 1696 et années suivantes, Paris, t. I, p. 156. Le même recueil (Paris, t. II, p. 454) renferme aussi les armoiries d'Anne Bodin, épouse de Jules Hardouin-Mansart : *de gueules à deux chevrons d'argent, chacun chargé de sept mouchetures d'hermine, accompagnez de trois lionceaux d'or, les deux du chef affrontez.*

[3] Une copie de ce règlement se trouve dans la même collection, dossier Hardouin, fol. 3.

peut-être en 1694, certainement en juillet 1699, lorsque ce même Roi accorda à son fils Jean, également architecte et ingénieur, des lettres de chevalerie. Vollant portait : *d'azur à un chevron d'or, accompagné en chef de deux demi-vols d'argent et en pointe d'un trèfle de même*[1].

V

VIGARINI (CHARLES DE)
(Mars 1688)

M. Guiffrey a publié[2] les lettres de confirmation de noblesse et d'anoblissement en tant que besoin accordées, au mois de mars 1688, à ce personnage fils de Gaspard de Vigarini, intendant général des Bâtiments et des menus plaisirs du duc de Modène et maître des Eaux et forêts du duché. Charles avait renoncé à la survivance de son père, dont il était pourvu, et s'était mis au service de Louis XIV. On le trouve qualifié gentilhomme modénois naturalisé Français, « intendant des Machines et plaisirs du Roi », le 17 novembre 1676, dans l'acte de son mariage avec Marie-Marguerite Du Bois de Montmoreau, auquel assiste Lulli. Il est dit ailleurs « intendant des Machines des théâtres, ballets et fêtes royales ». Il vivait encore en 1693 ; sa femme était veuve en 1716[3].

VI ET XI

COTTE (ROBERT DE)
(Mars 1702)

ET COTTE (LOUIS DE)
(Mai 1721)

Ces deux architectes étaient frères ; le premier fut anobli en mars 1702 et le second en mai 1721. Leurs lettres de noblesse ont été publiées par M. Guiffrey[4]. Robert de Cotte est trop célèbre

---

[1] L. QUARRÉ-REYBOURBOX, *la « Porte de Paris » à Lille et Simon Vollant son architecte*, dans *Réunion des Sociétés des Beaux-Arts*, t. XV, 1891, p. 155-177. On trouve dans cet article, p. 171, la description et le dessin des armes de Vollant.

[2] *Artistes anoblis*, II, p. 226, n° I.

[3] JAL, p. 1267 et 1336.

[4] *Artistes anoblis*, I, p. 9, n° IV pour Robert, et p. 17, n° VIII pour Louis. Une copie des lettres en faveur du premier existe à la Bibl. nat., Nouveau d'Hozier, dossier Cotte, fol. 3 et 4.

pour qu'il y ait lieu d'en parler longuement. Petit-fils de Frémin de Cotte, il naquit en 1656; décédé à Passy, le 15 juillet 1735, il fut le lendemain 16 inhumé dans sa chapelle à Saint-Germain-l'Auxerrois[1]. Il avait épousé Catherine Bodin, sœur d'Anne, femme de Jules Hardouin-Mansart. Reçu chevalier de Saint-Michel, le 21 janvier 1714, R. de Cotte fut autorisé par le Roi à en porter la croix avec un ruban bleu[2]. En 1715, il fut excepté des dispositions de l'édit du mois d'août portant révocation des anoblissements accordés depuis le 1er janvier 1689[3].

On connait peu de choses sur Louis de Cotte, ingénieur militaire, en dehors des renseignements fournis par les lettres de mai 1721; à cette date, après avoir « servy en qualité de capitaine dans le régiment de Navarre et d'ingénieur pendant un tems considérable, et notamment aux sièges de Suze, Veillance, Cony, Valence, Ath et autres endroits », il était architecte du Roi et contrôleur de ses Bâtiments de Fontainebleau. Il mourut en 1742.

Règlement d'armoiries pour Robert de Cotte.

Règlement d'armoiries par Charles d'Hozier, conseiller du Roi, généalogiste de sa Maison, juge général des armes et des blasons et garde de l'Armorial général de France, pour le sieur Robert de Cotte, architecte ordinaire du Roi. Paris, 13 mars 1702.

Un écu d'argent à deux fasces de gueules, la première chargée de trois trèfles d'or et la seconde chargée de deux trèfles de même; et un chef d'azur chargé d'un aigle d'or. Cet écu timbré d'un casque de profil, orné de ses lambrequins d'or, d'azur, d'argent et de gueules.

En marge de ce règlement, on lit : « Par lettres patentes du 1er janvier 1714, signées : *Louis*, et *Par le Roi, grand maitre et chef souverain des ordres de Saint-Michel et du Saint-Esprit, de Lamoignon* et scellées du grand sceau dudit ordre de Saint-Michel en cire blanche, le Roi ayant commis le sieur marquis de Beringhen, commandeur de ses Ordres, pour associer audit ordre de Saint-Michel, ledit Robert de Cotte, son premier

---

[1] Voyez l'acte de sépulture « du samedi 16 juillet 1735 » donné par M. Ch. Ponsonailhe, *la Maison de Robert de Cotte*, dans *Réunion des Sociétés des Beaux-Arts*, t. XXIV, 1900, p. 514. Cet acte avait déjà été publié par Jal, p. 434, mais avec l'indication du décès le 14 et de l'inhumation le 15, ce qui doit être inexact, car en 1735 le 16 juillet était un samedi. Il faut au contraire, semble-t-il, lire avec Jal « dans *sa* chapelle » et non « dans *la* chapelle ».

[2] Voir ci-dessus, nos II et III, article Le Nostre et Mansart.

[3] Guiffrey, I, p. 10, note.

architecte, et le recevoir chevalier, lui faire prêter le serment, lui donner la croix et le ruban bleu pour la porter atachée sur son estomach, ledit sieur de Cotte fut reçu chevalier par ledit sieur de Beringhen, à Paris, le 21 dudit mois de janvier 1714, et il fit son serment le même jour[1]. »

(Bibl. nat., franç. 31511, Nouv. d'Hozier, dossier Robert (sic), n° 6622, fol. 28 ; copie.)

VII

Desjardins (Jacques)

(Mai 1704)

Il était contrôleur des Bâtiments des châteaux royaux de Marly et de Noisy, quand il fut anobli en mai 1704[2], surtout en considération des services de son père Martin Baugaerten ou Van den Bogaerts, dit Desjardins, sculpteur ordinaire du Roi, directeur de l'Académie de Peinture et de Sculpture, né à Bréda en 1640 et mort à Paris le 2 mai 1694[3]. Il dut vraisemblablement cette faveur à l'influence de Jules Hardouin-Mansart, dont il avait épousé la nièce Marie-Julie, fille de Michel Hardouin, architecte et entrepreneur des Bâtiments du Roi.

Règlement d'armoiries pour Jacques Desjardins.

Règlement d'armoiries par Charles d'Hozier, juge général des armes et des blasons et garde de l'Armorial général de France, pour Jacques Des Jardins, contrôleur des Bâtiments. Issi-lès-Paris, 3 juin 1704.

Un écu d'or à un arbre de sinople, posé sur une terrasse de même, et un chef de gueules chargé d'un soleil d'or. Cet écu timbré d'un casque de profil, orné de ses lambrequins de gueules, d'or et de sinople.

(Bibl. nat., Nouveau d'Hozier, dossier Jardin (des), fol. 4 ; copie.)

[1] Cf. Bibl. nat., franç. 32870, p. 543 et franç. 32871, p. 610.
[2] M. Guiffrey, *Artistes anoblis*, I, p. 10, n° V, a publié ces lettres, dont une copie se trouve à la Bibl. nat., Nouveau d'Hozier, dossier Jardin (des), fol. 2 et 3.
[3] Cf. L'acte de sépulture publié par Jal, p. 487. — M. de Boislisle s'est occupé des statues du Roi, dont Martin Desjardins est l'auteur, dans *Notices historiques sur la place des Victoires et la place Vendôme* (*Mém. de la Société de l'histoire de Paris*, t. XV, 1888.)

VIII

Gabriel (Jacques)
(Mai 1704)

Jacques V Gabriel[1], fils de Jacques IV et de Marie Delisle[2], naquit à Paris le 6 avril 1667, selon Lance, ou plus probablement, d'après Mme Despierres, en 1666[3]. De sa seconde femme Élisabeth Besnier, il eut entre autres enfants Jacques-Ange[4], le plus célèbre des architectes de la famille. Jacques V était par sa mère petit-neveu de François Mansart et cousin de Jules Hardouin-Mansart. Il fut anobli par lettres du mois de mai 1704 et, de même que Robert de Cotte, obtint le 10 février 1717 des lettres patentes l'exemptant de l'édit d'août 1715 portant révocation des anoblissements récents[5]. Il reçut le cordon de Saint-Michel en 1722[6] et décéda au mois d'avril 1742. En premières noces il avait épousé Marthe de l'Espine ou Delespine.

Règlement d'armoiries pour Jacques Gabriel.

Règlement d'armoiries par Charles d'Hozier, généalogiste de la Maison du Roi, juge général des armes et des blasons et garde de l'Armorial général de France, pour le sieur Jacques Gabriel, architecte du Roi, contrôleur général de ses Bâtiments, Jardins, Arts et Manufactures royales, anobli par lettres de mai 1704. Paris, 3 mai 1704.

Un écu d'azur à une fasce ondée d'argent, chargée de trois merlettes de sable et accompagnée en chef d'une nuée d'argent et en pointe d'un vol d'or. Cet écu timbré d'un casque de profil, orné de ses lambrequins d'or, d'azur, d'argent et de sable.

(Bibl. nat., Nouv. d'Hozier, dossier Gabriel, fol. 4; copie.)

[1] Lance et Bauchal l'appellent : Jacques-Jules.
[2] Voir les tableaux généalogiques que Mme G. Despierres a donnés, t. XIX, 1895, des *Réunions des Sociétés des Beaux-Arts*, p. 498, planche XVI, *Recherches sur les origines provinciales des Gabriel*, et t. XXII, 1895, des *Mémoires de la Société de l'histoire de Paris et de l'Ile-de-France*, p. 200, *Construction du Pont-Royal de Paris*.
[3] Article cité, *Réunion des Sociétés des Beaux-Arts*, t. XIX, 1895, p. 493.
[4] Il est appelé Ange-Jacques et non Jacques-Ange dans son acte de baptême. (Mme Despierres, *ibidem*, p. 495.)
[5] Les lettres de 1704 et celles de 1717 ont été publiées par M. Guiffrey, *Artistes anoblis*, I, p. 12, n° VI ; une copie des premières se trouve dans le Nouveau d'Hozier, dossier Gabriel, fol. 2 et 3.
[6] Lemau de la Jaisse, *Sixième Abrégé de la carte générale du militaire de France*, 1739, première partie, p. 40.

IX

Orry (Jean)

(16 août 1706)

Jean Orry, écuyer, conseiller-secrétaire du Roi, Maison, Couronne de France et de ses finances, président à mortier du parlement de Metz, seigneur de la Chapelle-Godefroy, etc., fils de Charles Orry, marchand-bourgeois de Paris, et de Marie Le Cosquyno, baptisé à Saint-Germain-l'Auxerrois, le 4 septembre 1652, fut nommé chevalier de Saint-Michel par lettres patentes du 16 août 1706 [1] et reçut la croix avec un ruban bleu céleste.

On s'étonnera peut-être de nous voir citer ce personnage, qui dirigea pendant quelques années les finances de l'Espagne et devint ensuite, dans le même pays, surintendant général des troupes. Toutefois, le passage suivant qui se lit dans le mémoire de ses services paraît légitimer la place qui lui est accordée ici : « Il eut, en 1686, la direction des travaux de terre de l'aqueduc de Maintenon, qui devoit conduire la rivière d'Eure à Versailles ; fut employé, en 1688, à ceux qui se firent sur les côtes de Brouage et isle d'Oléron contre les projets de descente des ennemis [2]. »

A noter aussi que Jean Orry fut le père de Philibert Orry, comte de Vignory, ministre d'État, contrôleur général des finances et *directeur des Bâtiments, Arts et Manufactures.*

Jean Orry portait : *de gueules ou de pourpre au lion d'or rampant et grimpant sur un rocher d'argent ;* le collier de Saint-Michel autour de l'écusson ; le casque surmonté d'un mortier de président [3]. Il décéda le 22 septembre 1719.

---

[1] Voyez Bibl. nat., Clairambault n° 1245, p. 4401-4432. A cause de l'importance très secondaire de ce personnage au point de vue artistique, nous nous bornons à résumer sommairement ces documents. Sur Jean Orry et son fils, dont il va être parlé, on peut consulter notamment la *Nouvelle Biographie générale* de Didot et Hoefer. Il descendait de Marc Orry qui fut libraire à Paris à partir de 1585 environ ; cf. Renouard, *Documents sur les imprimeurs, libraires, etc., de Paris* (1901), p. 207.

[2] Bibl. nat., Clairambault n° 1245, p. 4405, 4409 et 4418-4419.

[3] *Ibidem*, p. 4409. — Dans l'*Armorial général* (Paris, II, 679), les armes suivantes sont indiquées sous le nom de Pierre Orry, écuyer, conseiller-secrétaire du Roi : *de gueules au lion d'or rampant contre une montagne d'argent, mouvant du flanc dextre de l'écu.*

X ET XV

Tardif (Rémi)
(Octobre 1720)

et Tardif d'Hamonville (François-Rémi)
(Octobre 1736)

Il s'agit ici non à la vérité d'artistes, mais de deux ingénieurs militaires, comme le fut longtemps Louis de Cotte, qui reçut des lettres de noblesse en 1721. Issus d'une famille tourangelle anoblie par l'échevinage, ils durent, leurs ancêtres ayant dérogé, demander des lettres de confirmation de noblesse et d'anoblissement en tant que besoin. Elles furent accordées au premier, en même temps qu'à son frère Louis Tardif d'Arnoul, lieutenant pour le Roi en la citadelle de Strasbourg, en octobre 1720; le second les obtint en octobre 1736. Ces lettres sont curieuses et contiennent de nombreux détails sur leurs services et sur leur famille [1].

Rémi Tardif fut ingénieur, d'abord à Bellegarde, puis à Villefranche; se trouva comme ingénieur ou comme directeur à plus de trente sièges ou défenses de places et était, en 1720, directeur des fortifications du Dauphiné. En 1719, il avait été créé maréchal de camp; il se retira du service, en 1725, étant directeur des fortifications des places de Trois-Évêchés, et reçut une pension de 6,000 livres. Il décéda en 1736, âgé de quatre-vingt-quatre ans [2].

François-Rémi Tardif d'Hamonville, fils du précédent, était, en 1736, un des ingénieurs ordinaires du Roi à Metz. Il reçut la croix de Saint-Louis en 1739, et fut nommé lieutenant-colonel le 1er janvier 1745; il mourut à Bourbonne-les-Bains le 24 septembre 1755.

Confirmation de noblesse pour Rémi Tardif et son frère.

Louis... Nos chers et bien amez les Sr Rémi Tardif, maréchal de nos camps et armées, directeur des fortifications de notre province de Dau-

---

[1] Un autre ingénieur du Roi nommé Charles Tardif avait formé une importante collection de tableaux; il appartenait probablement à la même famille. M. Guiffrey a publié le Catalogue de ses tableaux dressé en 1728. (*Nouvelles Archives de l'art français*, 3e série, t. XV, 1899, p. 227-251.)

[2] Cf. Pinard, *Chronologie historique militaire*.

phiné, et Louis Tardif, s. d'Arnoul, lieutenant pour nous en la citadelle de Strasbourg, frères, chevaliers de notre ordre militaire de Saint-Louis, nous ont fait remontrer qu'ils sont issus d'une famille qui se trouve en possession de la noblesse depuis l'année 1589, qu'elle en aquit le privilège par les services qu'elle rendit à la ville de Tours, dans l'exercice des charges qu'elle avoit remplies [1]; mais que la nombreuse famille dont se vit autrefois chargé le S. René Tardif, bisayeul des exposants, l'ayant mis dans l'obligation de prendre l'office de procureur fiscal de l'abbaye de Royaumont et que les Srs Rémi Tardif, son fils, et Rémi Tardif, son petit-fils, ayeul et père des exposans, ayant été de même obligez pour soutenir leur famille, d'exercer ledit office et d'embrasser la profession de marchands, ils ont donné, par ce moyen, atteinte aux prérogatives de leur naissance, néantmoins, par le soin qu'ils ont toujours pris d'instruire leurs enfans de la noblesse de leur origine et par les sentimens qu'ils ont inspirez à leurs descendans, la famille des exposans bien loin d'avoir perdu, par la dérogeance desdis Srs René et Rémi Tardif, l'émulation et l'ardeur que donne la noblesse, s'est au contraire animée davantage et a réparé glorieusement le tort que ces dérogeances avoient pu leur causer. Les exposans, arrière-petits-fils dudit René Tardif et petit-fils et fils desdis Rémi Tardif, embrassèrent la profession des armes, dès leur plus tendre jeunesse, et depuis près de cinquante années qu'ils sont au service de notre État, ils ont par une généreuse émulation donné des preuves de leur courage et de leur valeur dans toutes les occasions qu'ils ont eues de les signaler. Rémi Tardif, l'ainé des exposans, a servi à plus de trente sièges ou défenses de places, depuis l'année 1677 qu'il fut ingénieur. Il fut d'abord placé en chef à Bellegarde, sous les ordres du S^r de La Motte-La Mire, ingénieur directeur; il fut ensuite changé de Bellegarde à Villefranche et le Sr de Louvois, alors ministre d'État ayant le département de la Guerre, lui procura, en 1679, une compagnie dans le régiment de Piémont; il a depuis servi au siège de Puicerda, au premier siège de Gironne, et à ceux de Nice, de Villefranche, du fort Saint-Auspice, de la Sceau-d'Urgel et de Campredon; il a servi de même, en qualité de brigadier, à Palamos, au second siège de Gironne, à Hostalrick et au siège de Barcelonne; il fut au commencement de la dernière guerre envoyé en chef en Portugal, d'où il se rendit

---

[1] Jean Tardif, s. de Chéniers, fut l'un des vingt-quatre échevins de Tours nommés par le roi Henri III, en 1589, et anoblis par lettres du mois de mai de cette année. Il fut maire de cette ville en 1599-1600. Il portait *d'or à trois branches de fougères de sinople*. (Cf. *Mémoires de la Société archéolog. de Touraine*, tomes XIX, p. 940, et XXXII, p. 211, et Cte CH. DE BEAUMONT, *les Jetons tourangeaux*, 1901, p. 10, n° 10.)

à Cadix, et, y ayant été chargé de la deffense de la place, les ennemis furent contraints de lever le siège du fort de la Matagorde qu'ils avaient attaqué; il fut ensuite rapellé en France et envoyé au siège du fort de Kell et sur l'ordre qu'il reçut de passer en Bavière, il s'y rendit et fut chargé de la conduite des sièges de Kuffstein, de Rottemberg, de Passau, du château d'Albeck et de celui d'Oberhausen, dans la Haute-Autriche; il s'est toujours distingué de façon, dans les divers commandemens qui lui ont été confiez, qu'il a mérité les applaudissemens des généraux et les marques mêmes de l'estime et de la satisfaction du feu Roi de glorieuse mémoire, notre très honoré seigneur et bisayeul, par les lettres qui lui furent envoyées pour le commandement de Figuières, sur le choix qu'avoit fait de lui notre très cher et très aimé cousin le duc de Vendosme.

Le S. Louis Tardif d'Arnoul, cadet des exposans, s'est trouvé à la bataille de Cassel, servant alors dans nos mousquetaires; il s'est même trouvé, étant capitaine d'infanterie, à l'attaque de Luzerne, en Piémont, et y reçut deux coups de fusil, l'un à la cheville du pied et l'autre dans les reins, où la balle est toujours restée; il servit, en l'année 1698, au siège de Barcelone et y perdit le bras droit; il a été honoré de divers commandemens, entre autres de celui de Verceil, en Piémont, pendant deux années, et de celui de Castelfollis, en Catalogne, dont les ennemis furent obligez de lever le siège par la bonne défense qu'il fit dans la tour; enfin, les exposans se sont trouvez en quantité d'autres occasions, dans lesquelles ils n'ont rien laissé à désirer de la bravoure, du zèle et de l'ardeur que demande la profession des armes; en sorte que les actions de valeur, qui les ont si particulièrement distinguez, et dont l'exemple nous répond des services que nous devons atendre de leurs enfans et de toute leur postérité, nous engagent à les rétablir dans la noblesse dont jouissoient autrefois leurs ancêtres et dont jouissent les Srs Jean-François Tardif de Brébau, André, Jean-François et Henri Tardif, leurs cousins, en vertu de l'ordonnance de maintenue qu'ils obtinrent à cet effet le premier avril 1700[1]; et, attendu la conoissance que nous avons de l'état et de la condition desdits exposans et de la distinction que méritent les services qu'ils rendent depuis tant d'années à notre État, nous avons résolu non-seulement de les relever, et leur postérité, de la dérogeance de leurs père, ayeul et bisayeul, mais encore de les dispenser de raporter les titres de leur noblesse. Nous voulons même pour prévenir toutes difficultés, les annoblir de nouveau en tant que besoin et leur donner par ce moyen de

---

[1] Une copie de cette ordonnance se trouve dans le Nouveau d'Hozier, dossier Tardif, fol. 2-5.

plus autentiques témoignages de notre satisfaction et de notre estime.

A ces causes, de l'avis de notre très cher et très amé oncle, le duc d'Orléans, petit-fils de France, régent de notre Royaume, nous avons... dit et ordonné, disons et ordonnons, voulons et nous plaît, que lesdis Srs Rémi Tardif et Louis Tardif d'Arnoul... soient et demeurent rétablis, maintenus et confirmez... dans la noblesse de leurs ancêtres...

Donné à Paris, au mois d'octobre, l'an de grâce 1720 et de notre règne le sixième. Signé : Louis, et sur le repli : Par le Roi, le duc d'Orléans régent présent.

(Bibl. nat., Nouveau d'Hozier, dossier Tardif, fol. 6-8 ; copie.)

Confirmation de noblesse pour François-Rémi Tardif d'Hamonville.

Louis... Les Rois nos prédécesseurs ont toujours regardé, comme l'objet le plus digne de leur attention et le plus essentiel au bien public, de récompenser les belles actions de leurs sujets par des titres d'honeur, qui passassent à leurs descendans, afin qu'héritiers des sentimens, comme du nom de leurs ancestres, ils fussent excitez, par tout ce que la nature et la gloire ont de sensible, à les imiter. Convaincus de l'importance de cette maxime, nous croyons ne la pouvoir mieux pratiquer, à l'égard de ceux qui dans la profession des armes se sont dévouez à la deffense de notre couronne, qu'en les élevant au degré de la noblesse, ou leur conservant celle que les mérites de leurs ancestres leur ont légitimement aquise. Et d'autant que nous sommes informés que notre cher et bien amé François-Rémi Tardif, s. d'Hamonville, l'un de nos ingénieurs ordinaires à Metz et ci-devant lieutenant au régiment d'infanterie de la Couronne, nous sert avec l'aplaudissement de ses supérieurs et qu'il marche sur les traces de feu Rémi Tardif, son père, chevalier de notre ordre militaire de Saint-Louis, maréchal de nos camps et armées et directeur des fortifications de notre province de Dauphiné, lequel vient de mourir âgé de quatre-vingt-quatre ans, après soixante années des services les plus signalés, qu'ils remontent à l'année 1667[1] et qu'il s'est trouvé, soit comme ingénieur, soit comme directeur, à plus de trente sièges ou deffenses de places, ses premières actions de marque furent de commander des détachemens en Espagne, sous les ordres du feu maréchal de Noailles ; son adresse et sa résolution conservèrent la place d'Ostalaric (sic), qu'il eut ordre, en 1690, de faire raser. On lui confia, peu de temps après, le commandement de Figuières, place d'autant plus importante qu'elle assuroit

---

[1] Sic, pour : 1677 ; cf. les lettres précédentes.

la communication du Roussillon à l'armée. Il servit, en 1697, au siège de Barcelone. Envoyé depuis en Portugal avec une brigade d'ingénieurs, il fortifia l'entrée de la rivière de Lisbone; mais, Sa Majesté Portugaise s'étant détachée de la France, en 1702, il se rendit à Cadix dans le tems que la flotte des alliés se préparoit à l'assiéger, il fit échouer leur dessein et remit à la cour d'Espagne un projet de fortifications pour en assurer la baye. Il étoit, en 1703, à la prise de Kell, il passa de là en Bavière et fut employé à différens sièges dans la Haute-Autriche et dans le Tirol. De retour après la bataille d'Ochstet, on l'envoya en Piémont ; il fut fait brigadier d'infanterie au siège de Verruë et fut chargé de diriger les attaques à celui de Turin. Il eut ensuite la direction des fortifications de Dauphiné et nous l'honorâmes en 1719 du grade de Maréchal de camp en nos armées.

Louis Tardif, s. d'Arnoul, son frère, et comme lui chevalier de notre ordre militaire de Saint-Louis, ne s'est pas rendu moins recommandable pendant plus de cinquante années de services qu'il a dignement terminés dans le poste de notre lieutenant de la citadelle de Strasbourg ; au siège de Valenciennes, en 1677, il reçut une blessure à la cuisse, comme il montoit à l'assaut avec les enfants perdus. A l'attaque de Luzerne, en 1692, il reçut deux coups de feu, l'un entre la cheville du pied et le talon, l'autre dans les reins, où la balle resta. Enfin il perdit le bras droit au siège de Barcelone, en 1697.

Connoissant aussi que ledit François-Rémi Tardif, originaire de Tours, et dont la noblesse a été reconnue par un jugement que la commission établie pour la recherche des faux nobles rendit le premier avril 1700, en faveur de quatre frères, mais qu'il n'a pas les titres nécessaires pour établir la consanguinité, les guerres civiles arrivées, depuis l'établissement de son trisayeul dans la généralité de Paris, en ayant causé la dissipation, et d'ailleurs les emplois militaires, qui ont toujours occupé son père et son oncle, leur en ayant fait négliger la recherche. Nous nous trouvons suffisamment invités, par tous ces motifs, de donner audit S. Tardif d'Hamonville des marques de notre bienveillance et de reconoître dans sa personne la satisfaction qui nous reste des services de son père et des siens propres, ainsi que de ceux dudit deffunt S. Tardif d'Arnoul, son oncle, mort sans enfans.

Savoir faisons que pour ces causes... nous avons maintenu et confirmé, maintenons et confirmons... ledit sieur François-Remi Tardif d'Hamonville, ensemble ses enfans et postérité... dans la possession de leur noblesse et les avons, en tant que besoin est ou seroit, de nouveau anobli et anoblissons...

Donné à Versailles, au mois d'octobre, l'an de grâce mile sept cent

trente-six et de notre règne le vingt-deuxième. Signé : Louis, et sur
repli : Par le Roi, Bauyn, et scellées.

<small>(Bibl. nat., Nouveau d'Hozier, dossier Tardif, fol. 9-11; copie.)</small>

XI

COTTE (LOUIS DE)

(Mai 1721)

Voyez, ci-dessus, Robert de Cotte, n° IV.

XII

LA MOTTE (JEAN DE)

(Juillet 1721)

Lance, Bauchal et le supplément de Bellier de la Chavignerie ne savent presque rien sur de La Motte ou Delamotte, dont ils ignorent jusqu'au prénom ; ils disent seulement qu'il fut nommé, le 13 mars 1712, premier commis des Bâtiments du Roi, aux appointements de 1,200 livres. M. Guiffrey a publié ses lettres de noblesse du mois de juillet 1721, qui contiennent quelques détails. Le document qui suit fait connaître, outre les titres pompeux dont il se décorait, les pièces qu'il produisit, le 5 février 1725, devant Louis-Antoine de Pardaillan de Gondrin, duc d'Antin, *surintendant et ordonnateur général des Bâtiments, Jardins, Arts et Manufactures de France et des Académies royales*, pour être reçu dans l'ordre de Saint-Michel.

Il naquit au Mans, le 24 janvier 1672, et fut baptisé le 26, en la paroisse du Crucifix desservie dans la Cathédrale. Il entra, en 1696, dans les bureaux des Bâtiments et on trouvera ci-dessous un mémoire détaillé de ses services. Le 10 mai 1719, il fut pourvu d'une des charges d'intendant et ordonnateur des Bâtiments et Jardins du Roi, Arts et Manufactures de France. Il mourut encore en fonctions, au mois de décembre 1738, et les scellés furent apposés en son domicile, le 16, par le commissaire Camuset [1].

Il ne faut pas confondre Jean de La Motte avec Pierre ou avec Claude Coquart de la Motte, qui furent l'un et l'autre intendants et ordonnateurs des Bâtiments [2].

---

[1] GUIFFREY, *Scellés et inventaires d'artistes*, 3ᵉ partie (1885), p. 288 (procès-verbal aujourd'hui perdu).

[2] BAUCHAL donne quelques renseignements sur Pierre Coquart ou Cocquart de

Preuves de Jean de La Motte pour l'ordre de Saint-Michel.

Extrait des titres produits par Jean de La Motte, écuyer, seigneur châtelain d'Arsonville, Escury et Gauvilliers en Beauce, des Grande et Petite-Boc de la Viette et du Cormier en Normandie, conseiller du Roi, intendant et ordonnateur ancien des Bâtimens du Roi, manufactures de tapisse-

la Motte, dont il ignore le prénom, mais ne parle pas de son fils Claude. Voici de nouveaux documents sur cette famille :

Pierre Cocquart de la Motte, seigneur de la Gravelle et autres lieux, conseiller du Roi en ses conseils, intendant général des Bâtiments de Sa Majesté, demeurant à Paris, rue des Mauvaises Paroles, paroisse Saint-Germain-l'Auxerrois, procureur de Nicolas Cocquart, conseiller et élu pour le Roi en l'élection de Châlons, 19 juin 1668. (Bibl. nat., P. O., vol. 848, dos. 19007, fol. 21.)

Charles Coquart de la Motte, nommé chanoine de l'église de Paris (en la place de François de Lauzon), sous-chantre de cette église, abbé de Notre-Dame de Vertu et de Saint-Martin de Massay, archidiacre de Josas, décédé le 18 mars 1689, portait : *de... au sautoir de... cantonné de 3 roses de... au chef de... chargé d'une étoile de... (Ibidem, fol. 42-43.)*

Amat-Pierre Coquart de la Motte, intendant des Bâtiments du Roi, fut reçu « de grâce » chevalier de Saint-Lazare et du Mont-Carmel, le 3 août 1690; il portait : *d'azur à un coq d'or, surmonté d'un cœur ailé de même.* (Bibl. nat., Armorial de l'ordre de Saint-Lazare et de Notre-Dame-du-Mont-Carmel, par Dorat de Chameulles et Thomassin, ms. franç., 31795, blasons peints, fol. 148, et ms. franç., 32399, description des armoiries, p. 296.)

M⁰ Pierre Coquart de la Motte, conseiller du Roi en son conseil d'État, intendant et ordonnateur de ses Bâtiments; Louis Coquart de la Motte, écuyer, capitaine de dragons; Nicolas Coquart de la Motte, écuyer, capitaine de cavalerie, héritiers de Mess. Charles Coquart de la Motte, chanoine et archidiacre de l'église de Paris, 12 juin 1691. (P. O., *ibidem*, fol. 23.)

Provisions de l'office de conseiller du Roi, intendant et ordonnateur ancien des Bâtiments, vacant par la mort de Pierre Coquart de la Motte, données par S. M. à Versailles, le 21 janvier 1694, à Claude Coquart de la Motte, écuyer, s. de la Gravelle et de Vert, ci-devant commissaire ordinaire des guerres, fils dudit Pierre, baptisé le 20 juillet 1655, sur la nomination faite au Roi de sa personne par la veuve et les enfants du défunt. — Claude prêta serment, le même jour, entre les mains du chancelier et fut reçu en la Chambre des Comptes, le 30 janvier. (Bibl. nat., Carrés de d'Hozier, t. 200, dossier Coquart et Nouveau d'Hozier, dossier Coquart).

A l'Armorial général dressé en 1696 et années suivantes (Paris, I), on trouve : Claude Coquart de la Motte, intendant ordonnateur des Bâtiments du Roi, *d'or, au sautoir de gueules, accompagné de 3 roses de même, posées 2 en flanc et une en pointe, au chef d'or chargé d'une étoile d'argent* (p. 424), et Nicolas Coquart, marchand bourgeois de Paris, *d'azur à un coq d'or, surmonté d'un cœur ailé d'argent* (p. 624).

La famille paraît originaire de Châlons. On trouve, en effet, en 1641, Gilles Coquart, conseiller du Roi et son avocat ancien en l'élection de Châlons. (P. O., *ibidem*, fol. 7.)

ries, etc., nommé par Sa Majesté chevalier de l'ordre de Saint-Michel, pour les preuves de sa noblesse, âge et religion.

Devant très haut et très puissant seigneur Mre Louis-Antoine de Pardaillan de Gondrin, duc d'Antin, pair de France, marquis de Montespan, de Gondrin et de Mézières, seigneur des duchés d'Épernon et de Bellegarde, vicomte de Murat, baron de Cursé, de Montcontour et de Langon, seigneur d'Oiron, chevalier et commandeur des Ordres du Roi, lieutenant général de ses armées et de la Haute et Basse-Alsace, Brigaw et Suntgaw, gouverneur et lieutenant général pour Sa Majesté des ville et duché d'Orléans, païs Orléanois, Blaisois et Chartrain, Dunois, Vendosmois et de la ville et château d'Amboise, *surintendant et ordonnateur général des Bâtimens, Jardins, Arts et Manufactures de France et des Académies royales*, commissaire député à cet effet par lettres patentes du 5 janvier 1725.

Lettres patentes du Roi, chef et souverain grand maistre des ordres de Saint-Michel et du Saint-Esprit, adressées à son très cher et bien amé cousin le duc d'Antin, pair de France, chevalier et commandeur de ses Ordres, portant qu'ayant résolu d'honorer de la croix de son ordre de Saint-Michel le S. Jean de La Motte, écuyer, intendant et ordonnateur de ses Bâtimens, en considération des services qu'il a rendus au feu Roi, son ayeul, et à Sa Majesté, depuis son avènement à la couronne, dans ses Bâtimens depuis près de 30 années, Sa Majesté l'a commis pour examiner, sur le raport du S. Clairambault, généalogiste de ses Ordres, les titres qui lui auront été remis par ledit S. de La Motte tant de son âge, religion catolique, apostolique et Romaine, que de son anoblissement en sa personne seulement, sans qu'il soit tenu de faire preuve de deux races d'extraction de noblesse, ainsi qu'il est porté par le 4e article des statuts du 12 janvier 1665, dont Sa Majesté l'a dispensé, et que, s'il les trouve bons et suffisans pour prouver qu'il a été anobli en considération de ses services et pour être admis à l'ordre, il reçoive son serment et lui donne la croix, conformément à l'instruction qui lui en est adressée. Ces lettres données à Versailles, le 5e jour de janvier 1725, signées : Louis, et plus bas : Par le Roy, chef et souverain grand maître des ordres de Saint-Michel et du Saint-Esprit, Phélypeaux, à côté : Vu Arnauld de Pomponne, et scellées du grand sceau et contre-sceau de l'ordre de Saint-Michel en cire blanche.

Instruction du Roi à M. le duc d'Antin sur ce qu'il aura à faire, pour l'examen des preuves du S. de La Motte... donnée à Versailles, le 5 de janvier 1725, signée : Louis, contresignée : Phélypeaux.

Lettre du Roi à son cousin le duc d'Antin... 5 de janvier 1725...

Lettre du Roi à M. de La Motte, intendant et ordonnateur de ses Bâtimens... 5 de janvier 1725...

— 24 —

Mémoire des services rendus au Roi par le S. de La Motte portant :

Qu'en 1696, il entra dans les bureaux des Bâtimens, sous M. de Villacerf, et continua d'y servir, en 1699, sous M. Mansart ;

Qu'en 1708, il fut chargé par M. le duc d'Antin du détail de la surintendance des Bâtimens et eut le bonheur d'en régler les dettes à la satisfaction du Roi, qui récompensa son travail d'une pension annuelle de 1,000 livres ;

Qu'en 1712, le bureau du premier commis des Bâtimens fut réuni à ses emplois, en sa faveur ;

Qu'en 1713, il fit par son crédit entrer dans les caisses des trésoriers des Bâtimens des sommes assés considérables pour achever les travaux ordonnés par le Roi, et dont l'éxécution avoit été arrestée par la disette de fonds ;

Qu'en 1715, il travailla avec le même succès à régler et liquider les dettes des Bâtimens ;

Qu'en 1719, il fut pourvu de la charge d'intendant et ordonnateur des Bâtimens et Jardins du Roi, Arts et Manufactures de France[1] ;

En 1721, Sa Majesté l'honora de lettres d'annoblissement pour lui et sa postérité ;

En 1724, il a fait un détail des recettes et dépenses des Bâtimens depuis 1720 jusqu'en 1723, qui a mérité l'aprobation de S. A. S. M. le Duc, sur le raport de M. le duc d'Antin, sous les ordres duquel il continue de travailler avec le même zèle ;

Et que c'est en considération de ses services que Sa Majesté lui a fait l'honneur de le nommer chevalier de son ordre de Saint-Michel.

Il raporte pour titres :

Lettres patentes d'annoblissement accordées par le Roy, de l'avis de son très cher et amé oncle le duc d'Orléans, petit-fils de France, régent du Royaume, au S. Jean de La Motte, intendant et ordonnateur de ses Bâtimens, Jardins, Arts et Manufactures, pour lui et sa postérité, en considération des services qu'il a rendus dans les Bâtimens depuis plus de 25 ans, tant au feu Roi, qui pour première récompense lui donna une pension de 1,000 l. en 1708, qu'à Sa Majesté, ayant par son crédit en 1713 et 1714 fait entrer dans la caisse des Bâtimens 1,400,000 l. pour supléer aux fonds et achever les ouvrages et par son travail réglé et liquidé les dettes mêmes anciennes, sous les ordres du duc d'Antin, surintendant des Bâtimens, et aussi pour égaler son état à celui de plusieurs familles nobles, dont il est allié, par un privilège égal à celui qu'il devoit acquérir par l'exercice de la charge de conseiller-secrétaire de Sa Majesté, dont il étoit

[1] Voir ci-dessous les lettres de provisions en date du 10 mai 1719.

ci-devant revestu, avec pouvoir de porter pour armes : *d'argent à trois brins de fougères de sinople, posés en pal et plantés sur une terrasse de même.* Lettres données à Paris, au mois de juillet 1721, signées : Louis, et sur le repli : Par le Roi, le duc d'Orléans régent présent, signé : Phelypeaux, Visa d'Aguesseau, et scellées du grand sceau en cire verte sur lacs de soye rouge et verte; registrées au Parlement à Paris, le 5 juin 1722, signé : Gilbert, et à la Chambre des Comptes, le 29 décembre 1724, signé : Le Long [1].

Provisions données par le Roi à son amé et féal le S. Jean de La Motte, son conseiller-secrétaire, Maison, Couronne de France et de ses finances, en considération des services qu'il rend dans les Bâtimens où il travaille en qualité de premier commis depuis 24 ans, de l'office de son conseiller, intendant et ordonateur ancien des Bâtimens du chasteau du Louvre, hostel de Bourbon, palais des Tuilleries, pompe du Pont-Neuf, Collège royal de l'Université de Paris, chasteaux de Vincennes, Madrid, Saint-Germain-en-Laye, Château-Thierry, sépulchre des Rois à Saint-Denis, collège de la Flèche, moulin à la Monnoye et Imprimerie royale aux galleries du Louvre, palais du Luxembourg, Palais-Royal, château de Versailles, Hôtel des Ambassadeurs, commanderie de Saint-Louis dit Bicestre, manufactures des tapisseries de haute lisse de Paris, haute et basse Marche, etc., excepté Fontainebleau; données à Paris, le 10 mai 1719, signées sur le repli : Par le Roi, Aubourg, et scellées sur double queue de parchemin du grand sceau en cire jaune; avec sa prestation de serment entre les mains de M. le garde des sceaux de France, du même jour, signées : Aubourg; et sa réception à la Chambre des Comptes, le 19 suivant, après information préalablement faite sur ses vie, mœurs, âge et religion, signé : Richer, gratis, et enregistrée où besoin a été.

Provisions de l'office de conseiller-secrétaire du Roi, Maison, Couronne de France et de ses finances, accordées par Sa Majesté à son cher et bien amé Jean de La Motte, en reconnaissance de ses services dans les Bâtimens et autres emplois des finances, depuis l'an 1696, au lieu de feu Nicolas Gaisne, écuyer, s. de Genetay; données à Paris, le 17 de mars 1718, signées sur le repli : Par le Roi, Noblet, et scellées sur double queue du grand sceau en cire jaune; avec la prestation de serment du même jour,

---

[1] Le texte des lettres d'anoblissement de Jean de La Motte a été imprimé d'après le registre X¹ᵃ 8726 des Archives nationales, fol. 277, par M. GUIFFREY, *Artistes anoblis*, II, p. 227, n° II. Il en existe une copie dans le Nouveau d'Hozier (Bibl. Nat.), dossier Motte (la), fol. 83-84. Dans le même dossier, fol. 85, on trouve la minute signée du règlement d'armoiries fait, à Paris, par Charles d'Hozier, le 29 juillet 1721. L'écu décrit ci-dessus y est dit timbré d'un casque de profil, orné de ses lambrequins d'argent et de sinople.

entre les mains de M. le garde des sceaux de France, signé : Noblet; enregistrées en la Chancellerie et audience de France, les 16 et 19 des mêmes mois et an, après les formalités ordinaires, signé : Aubrelicque, etc.

Extrait du registre des batesmes de la paroisse du Crucifix, en l'église cathédrale du Mans, portant que le 26 janvier 1672 fut batisé Jean, né le 24, fils de Jean de La Motte et de Marie Clément, délivré le 24 mars 1708, signé : J. B. Quentin, curé de cette paroisse, légalisé et donné par copie collationnée à l'original resté en l'église paroissiale de Saint-Nicolas-des-Champs de Paris, pour le mariage dudit S. Jean de La Motte avec Anne-Caterine Magnier, célébré le 19 avril 1708, et délivré le 8 mai 1719, signé : Cordelier. Auquel est joint le :

Certificat du vicaire de Saint-Germain-l'Auxerrois, prestre, docteur en théologie de la faculté de Paris, comme M. Jean de La Motte, écuyer, intendant des Bâtimens du Roi, fait profession de la religion catolique, apostolique et Romaine et a satisfait au devoir pascal dans son église, fait à Paris, le 28 de janvier 1725, signé : Badoire.

Nous Louis-Antoine de Pardaillan de Gondrin, duc d'Antin .... surintendant et ordonnateur général des Bâtimens, Jardins, Arts et Manufactures de France et des Académies royales, certifions à Sa Majesté, chef et souverain grand maître de l'ordre de Saint-Michel, et à tous qu'il apartiendra, que nous avons, en vertu des lettres patentes du 5 de janvier dernier, vu et examiné, au raport du S. Clairambault, généalogiste des Ordres, les titres qui ont été produits par Jean de La Motte, écuyer, seigneur châtelain d'Arsonville, etc., conseiller du Roi, intendant et ordonnateur ancien des Bâtimens de Sa Majesté, etc., lesquels nous avons trouvés suffisans pour les preuves requises, tant par les statuts, que par lesdites lettres de notre commission portant dispense de deux degrez, et conformément à notre pouvoir et à l'instruction qui nous a été donnée, nous l'avons, au nom de Sa Majesté, fait chevalier de Saint-Michel, en lui donnant l'acolade, avec la croix dudit ordre, conformément à l'article 9 des statuts de 1665, après avoir reçu son serment, en la manière acoutumée. En foi de quoi, nous avons signé ces présentes, avec ledit S. Clairambault, et fait aposer le cachet de nos armes. A Marli, le 5 de février 1725. Signé : le duc d'Antin et Clairambault, et cacheté du cachet de leurs armes.

Je Jean de La Motte, écuyer, seigneur châtelain d'Orsonville, Escuri et Gauvilliers, etc., conseiller du Roi, intendant et ordonnateur ancien de ses Bâtimens, Manufactures de tapisseries, etc., soussigné jure et promets de bien et fidèlement garder et entretenir les statuts et constitution de l'ordre de Saint-Michel, auquel il a plu au Roi, chef et souverain grand maître, de m'associer et d'en porter toujours la croix avec un ruban noir en écharpe, ainsi qu'il est ordonné par l'article 9 des statuts de 1665 ; que, s'il vient à ma connoissance quelque chose qui puisse altérer la grandeur et la dignité de l'ordre, ou qui soit contraire au service de Sa Majesté, j'en donnerai avis et m'y oposerai de tout mon pouvoir ; que, s'il arrive (ce que Dieu ne veuille) que je sois trouvé avoir fait quelque chose digne de reproche et pour raison de quoy je sois sommé et requis de rendre la croix de l'ordre, je la restituerai incontinent entre les mains de celui qui sera commis par Sa Majesté pour la retirer, sans que pour cette raison je porte aucune haine ny mauvaise volonté envers le Souverain et les chevaliers. Pour seureté de quoy, j'engage ma foi et mon honneur par le présent acte signé de ma main et scellé du cachet de mes armes. A Marli, le 5ᵉ de février 1725. Signé : de La Motte, et scellé du cachet de ses armes.

Collationné. Signé : Clairambault.

(Bibl. nationale, Nouv. d'Hozier, dossier Motte (la), fol. 93-98.)

XIII

Mollet (Armand-Claude)

(Janvier 1722)

Les très intéressantes lettres de noblesse, qui lui furent accordées en janvier 1722, ont été publiées par M. Guiffrey[1] ; elles nous font connaitre les diverses générations de cette famille, dans laquelle la charge de jardinier des maisons royales était héréditaire depuis 1580. Quant à Armand-Claude, après avoir obtenu, en 1692, la survivance des charges de son père, il devint, en 1698, contrôleur général des Bâtiments du Roi, Jardins, Arts et Manufactures, et fit partie de l'Académie d'Architecture.

Ses armoiries étaient : *d'argent à un brasier ardent et enflamé de gueules, dans lequel est couchée une salamandre, la tête contournée, d'or*[2].

[1] *Artistes anoblis*, I, p. 18, nº IX. Il en existe une copie dans le Nouv. d'Hozier, dossier Mollet, fol. 2 et 3 ; elle présente une variante qui parait devoir être préférée : « C'est à ses desseins [ceux de Claude Mollet, père d'Armand-Claude] qu'on doit le magnifique *jardin du Tibre* de notre maison royale de Fontainebleau, comme ceux de Saint-Germain-en-Laie, Liancourt, et le premier établissement de ceux de Versailles ; aussi en 1653 (*sic*) le feu Roi le logea dans le Louvre... »

[2] Ces armoiries sont inscrites à l'Armorial général dressé en 1696 et années suivantes (Paris, t. II, p. 280) sous le nom d'Armand-Claude Mollet, qualifié dessinateur ordinaire des plans et des jardins du Roi, jardinier du Louvre.

— 28 —

Armand-Claude, qui avait été nommé chevalier de Saint-Michel le 11 mai 1732[1], décéda le 23 janvier 1742; le procès-verbal de l'apposition des scellés mis après sa mort fait connaître les noms de ses enfants[2]. On sait, par ailleurs, qu'il avait épousé Andrée-Françoise Bombe et qu'un membre de la même famille, Armand-Louis Mollet, remplissait en 1778 les fonctions de contrôleur des Bâtiments du Roi[3].

XIV

PALISSOT (SIMÉON-SÉBASTIEN)

(16 mars 1722)

Né vers 1655, architecte des Bâtiments du duc de Lorraine, Palissot fut anobli par le roi Stanislas, le 16 mars 1722. Il portait : *d'azur au chevron d'argent, chargé sur la pointe d'une étoile d'azur.* Il mourut à Nancy, le 29 mai 1731[4].

XV

TARDIF D'HAMONVILLE (FRANÇOIS-RENÉ)

(Octobre 1736)

Voyez ci-dessus, n° X.

XVI

ORBAY (NICOLAS D')

(Juillet 1738)

Nicolas Dorbay, ou plutôt d'Orbay, était fils de Jean d'Orbay, architecte et entrepreneur des Bâtiments du Roi, et de Catherine Boulier de Bourges, fille elle-même d'un architecte du Roi[5]. Il naquit le 30 octobre 1678 et mourut, à Paris, le 24 juin 1742; son acte d'inhumation le qualifie chevalier de l'ordre de Saint-Michel,

---

[1] GUIFFREY, *Artistes anoblis*, II, p. 242, n° XII.
[2] GUIFFREY, *Scellés et inventaires d'artistes*, deuxième partie (1884), p. 7-17.
[3] Marquis DE GRANGES DE SURGÈRES, *Artistes français des dix-septième et dix-huitième siècles. Extraits des comptes des États de Bretagne* (1893), p. 148-149, n°ˢ 282 et 283.
[4] JACQUOT, *Anoblissements d'artistes lorrains*, dans *Réunion des Sociétés des Beaux-Arts*, t. IX, 1885, p. 130, et *Essai de répertoire des artistes lorrains*, troisième partie, dans le même recueil, t. XXV, 1901, p. 338.
[5] JAL, p. 925. C'est sur cet auteur que nous nous appuyons, dans cette notice, en ce qui concerne la partie généalogique ; la filiation donnée par BAUCHAL paraît erronée.

contrôleur des Bâtiments du Roi[1]. Les lettres d'anoblissement, qui lui furent accordées en juillet 1738, rappellent les services de son père; ceux de son aïeul, François I, qui fut maître maçon, entrepreneur des Bâtiments du Roi, syndic de sa corporation et dizainier de la ville de Paris; ceux enfin de François II d'Orbay, son oncle, qui devint premier architecte du Roi et construisit le collège des Quatre-Nations, aujourd'hui le palais de l'Institut à Paris, et la porte du Peyrou, à Montpellier. Ces lettres ont été publiées par M. Guiffrey[2]. Nicolas avait épousé, le 11 août 1702, Anne-Elisabeth Desvoges.

Règlement d'armoiries pour Nicolas d'Orbay.

Règlement d'armoiries par Louis-Pierre d'Hozier, juge général d'armes de France, pour le S. Nicolas d'Orbay, architecte de la première classe de l'Académie royale d'Architecture et contrôleur des Bâtiments de Sa Majesté, anobli par lettres de juillet 1738. Paris, 25 août 1738.

Un écu *d'azur à un château d'argent, couvert de lames d'or et orné de colonnes aussi d'argent, les bases et les chapiteaux d'or.* Cet écu timbré d'un casque de profil, avec ses lambrequins d'or, d'azur et d'argent.

(Bibl. nat., Nouv. d'Hozier, dossier Orbay, fol. 4; minute signée.)

XVII

LE ROYER DE LA SAUVAGÈRE D'ARTEZÉ (FRANÇOIS)

(Novembre 1742)

Ce personnage était chevalier de Saint-Louis, capitaine au régiment de Champagne, ingénieur en chef des châteaux de Saumur et d'Angers et du pont de Cé, ci-devant ingénieur en chef à Béthune et à la Rochelle, quand il obtint, en novembre 1742, des lettres de confirmation de noblesse et d'anoblissement en tant que besoin[3].

Il fut le père de Félix-François, également ingénieur militaire, mais surtout connu comme archéologue; ce dernier naquit à Stras-

---

[1] Il était qualifié de même dans le procès-verbal d'apposition des scellés après son décès, procès-verbal malheureusement perdu. (GUIFFREY, *Scellés et inventaires d'artistes*, troisième partie, p. 289.)

[2] *Artistes anoblis*, I, p. 22, n° XI.

[3] Elles sont transcrites dans le volume C. 441 des Archives d'Indre-et-Loire, fol. 14 et 15 du registre de 1748, année où elles furent enregistrées au Bureau des finances de Tours. M. J.-X. CARRÉ DE BUSSEROLLE les a publiées dans son *Supplément à l'Armorial général de la Touraine* (Tours, 1884), p. 54-57, mais ce texte contient quelques inexactitudes.

bourg¹, le 5 septembre 1707, et mourut au château des Places², le 29 mars 1782³.

La famille Le Royer de la Sauvagère portait pour armes : *d'azur à trois roues d'or, 2 et 1*⁴.

XVIII

Fayolle ou de Fayolle
(1743)

Nous ne savons que peu de choses sur Fayolle, dont nous ignorons même le prénom. Il était inspecteur général des Ponts et Chaussées en 1723 et peut-être avant; il remplit ces fonctions jusqu'en 1743⁵, année où il fut nommé inspecteur général honoraire. Il demeurait à la fin de sa vie à Paris, rue du Coq-Saint-Honoré, et mourut en 1752. Il avait été nommé chevalier de Saint-Michel en 1743; au chapitre tenu le 4 décembre 1752, le secrétaire de l'ordre prononça son éloge funèbre; malheureusement, ce document, que nous avons publié précédemment⁶, ne contient presque aucun renseignement biographique.

XIX

Vialis (Michel)
(Janvier 1748)

Il s'agit ici d'un ingénieur militaire, comme Louis de Cotte, les Le Royer de la Sauvagère et les Tardif, dont il a été question plus

---

¹ Les historiens ne sont pas d'accord sur le lieu de sa naissance. CHALMEL, *Histoire de Touraine*, t. IV, p. 272, dit qu'il naquit dans cette province; M. CARRÉ DE BUSSEROLLE, *Dictionnaire historique d'Indre-et-Loire*, t. IV, p. 47 (t. XXX des *Mém. de la Soc. archéol. de Touraine*), le fait naître à Tours; cette opinion a été rejetée par M. l'abbé LOUIS BOSSEBOEUF, qui vient de publier sur la famille Le Royer de La Sauvagère de nombreux documents (*Bull. de la Soc. arch. de Touraine*, t. XIV, 2ᵉ trimestre de 1903, p. 106 et suiv.). Il émet l'hypothèse de la naissance de Félix-François à Huismes (cant. et arrond. de Chinon). Une copie de son acte de baptême, que nous avons entre les mains, établit qu'il naquit à Strasbourg, comme l'indique du reste la *Nouvelle Biographie générale* de DIDOT et HOEFFER, v. La Sauvagère.

² Son acte de sépulture, en date du 30 mars, a été publié par M. L. BOSSEBOEUF, *loc. cit.*, p. 112.

³ Commune de Savigny, cant. et arrond. de Chinon (Indre-et-Loire).

⁴ C. DE BUSSEROLLE, *Armorial de Touraine*, t. I (Tours, 1866), p. 567.

⁵ Voir les *Almanachs royaux*, qui ne donnent la liste des inspecteurs des Ponts et Chaussées qu'à partir de 1723.

⁶ *Documents concernant divers artistes membres de l'ordre de Saint-Michel*, dans *Réunion des Beaux-Arts*, t. XXIV, 1900, p. 468, § V.

haut. Les lettres d'anoblissement qu'il reçut, en janvier 1748, alors qu'il était ingénieur en chef à Toulon, relatent d'une façon fort intéressante ses services et ceux de ses parents, parmi lesquels il faut citer son frère Jacques, ingénieur, tué en 1702 sur la brèche du fort de Saint-Michel de Venlo, et son fils, Michel-Joseph, ingénieur ordinaire du Roi, employé en 1748, à Gênes. A noter que l'*Almanach national* de 1793 (p. 168) cite encore un Vialis, colonel-directeur du génie à Perpignan.

Lettres de noblesse pour Michel Vialis.

Louis… De tous les titres d'honneur que dispense l'autorité souveraine, il n'en est pas de plus précieux que l'annoblissement ; aussy les Roys nos prédécesseurs ont-ils voulu qu'il fût le prix des talens supérieurs et des services qui intéressent l'État. Attentif, comme eux, à maintenir la gloire de notre Couronne, nous nous portons d'autant plus volontiers à suivre cet exemple, qu'en illustrant le mérite par un titre à jamais durable, nous proposons à tous nos sujets une récompense capable de transmettre l'émulation jusqu'à la postérité la plus reculée. C'est ainsy que nous voulons témoigner à notre cher et bien amé Michel Vialis, chevalier de notre ordre militaire de Saint-Louis, colonel réformé de l'infanterie et notre ingénieur en chef à Toulon, la satisfaction que nous avons des services, qu'il rend depuis quarante-huit ans avec un zèle qui ne s'est jamais affoibli, dans quelques endroits que la gloire de notre Couronne et nos ordres l'aient appellé. Il s'attacha d'abord au service de l'infanterie ; lieutenant, en 1699, dans le régiment de Hainaut et capitaine, en 1704, dans le même régiment, il étoit à la bataille de Fridelingue, en 1702, aux différentes affaires qu'il y eut contre les rebelles des Cévennes, où il fut blessé d'un coup de feu, au siège du château de Nice, en 1705, à celuy de Turin, en 1706, où un coup de feu luy fit une forte contusion au bas-ventre, au siège de Mouçon, en Espagne, en 1707, à ceux de Lérida, de Tortose, de Denia et d'Alicante, en 1708. L'année suivante, il passa dans le corps des ingénieurs et, chargé de faire sauter le pont d'Alfaras, il eut une main brûlée à cette expédition. En 1710, il fut employé à Aire, dont les ennemis faisoient le siège, et il y fut blessé dans une sortie d'un coup de feu à la hanche. Après l'affaire de Denain, en 1712, il servit aux sièges de Marchiennes et de Douay. A ce dernier, il fit en plein jour le logement du chemin couvert du fort de Scarpe, et il y fut blessé d'un coup de feu au travers du corps. Les conjonctures des premières années de notre règne nous portèrent à accorder au feu empereur Charles VI, un secours d'ingénieurs ; le Sr Vialis fut un de ceux que nous envoyâmes en Sicile pour le service de ce prince ; et, lorsqu'il fut de retour dans notre royaume, nous l'employâmes en Provence, pendant que la contagion ravageoit cette province. En 1733, tems où nous étions en guerre avec l'empereur Charles VI, il servit au siège de Pizzighiton; il fit le logement de la droite du chemin couvert, opération qui fut suivie, trois jours après, de la descente et du passage du fossé. Il servit de même aux sièges du château de Milan, de Novarre et de Tortone, et, l'année d'après, il se trouva au combat de Parme et à la bataille de Guastalle. Nous le choisîmes, en 1737, pour commander les ingénieurs qui accompagnoient les troupes auxiliaires que nous fîmes passer en Corse, et l'utilité des travaux qu'il fit dans cette île, durant quatre années qu'il y demeura, répondit pleinement à ce que nous nous étions promis de sa capacité; en sorte que nous ne balançâmes pas à le nommer, en 1746, pour s'embarquer, avec sept ingénieurs à ses ordres, sur l'escadre dont nous avions donné le commandement au duc d'Enville. Nous sommes d'ailleurs informés que le Sr Vialis est issu d'une famille de Toulon qui s'est acquis dans tous les temps une estime générale; que Pierre Vialis, son ayeul, et Jean-Charles Vialis, son père, ont été revêtus d'employs honorables; que deux de ses frères, Jaques et Dominique Vialis, ont été tués au service, le premier, en 1702, sur la brèche du fort Saint-Michel de Venlo, étant ingénieur avec rang de capitaine, et le second étant capitaine au régiment de La Roche-du-Maine; qu'enfin trois fils du Sr Vialis se sont dévoués, comme lui, à la deffense de l'État, aussitôt que l'âge le leur a permis; que Michel-Joseph, l'aîné des trois, est l'un de nos ingénieurs ordinaires, et est actuellement employé à Gênes; que Jean-Baptiste, le second, garde du pavillon amiral, a eu depuis peu le bras gauche cassé et la moitié de la main droite emportée dans le combat que l'escadre commandée par le S^r de L'Estanduère a soutenu contre les Anglois et que Pierre-François Vialis, le troisième, nous sert en qualité de garde-marine. Tant de motifs réunis nous déterminent à donner au Sr Vialis une marque signalée de notre bienveillance en l'élevant à l'état de la noblesse, dont sa conduite a toujours exprimé les sentimens.

Savoir faisons que... nous avons par ces présentes, signées de notre main, annobli et annoblissons ledit Sr Michel Vialis...

Donné à Versailles, au mois de janvier, l'an de grâce mille sept cens quarante-huit et de notre règne le trente-troisième. Signé : Louis, et sur le reply : Par le Roy, comte de Provence, M. P. de Voyer d'Argenson.

(Bibl. nat., Nouv. d'Hozier, dossier Vialis, fol. 2.)

XX

PITOT (HENRI)

(Mars 1748)

Cet ingénieur-architecte, auquel Bauchal consacre à peine quelques lignes, fut baptisé, âgé de six jours, le 5 juin 1695, en l'église de Saint-Pancrace d'Aramon[1]; il décéda le 27 décembre 1771. La pièce publiée ici fournit de très nombreux renseignements sur sa carrière et indique ses principaux travaux. Par lettres patentes du mois de mars 1748, il fut confirmé dans sa noblesse et anobli en tant que besoin; il lui était en effet impossible, la maison de son trisaïeul ayant été incendiée par les protestants en 1570, de justifier de sa noblesse par des titres assez nombreux et assez suivis.

Pitot fut fait chevalier de Saint-Michel en 1754. Il habitait à Montpellier[2] et était pensionnaire vétéran de l'Académie royale des Sciences, inspecteur général du canal de la jonction des mers et directeur des travaux publics de la province de Languedoc.

Preuve de Henri Pitot pour l'ordre de Saint-Michel.

Extrait des titres produits par Henry Pitot, escuier, seigneur de Launay et du Boulay, pensionnaire vétéran de l'Académie royale des Sciences, de la Société royale de Londres, censeur royal, inspecteur général du canal de la jonction des mers et directeur des travaux publics de la province de Languedoc, nommé par le Roy chevalier de son ordre de Saint-Michel, pour les preuves de sa noblesse et de ses âge et religion.

Devant... Messire Paul Galluccio de L'Hospital, marquis de Châteauneuf-sur-Cher... commissaire député pour la vérification de ces preuves par lettres patentes du 22 octobre 1754.

Lettres patentes du Roy... à son très cher et bien amé cousin le duc de Chaulnes... et à son cher et bien amé Paul Galluci de L'Hôpital, marquis de L'Hôpital et de Châteauneuf-sur-Cher... Ces lettres données à Fontainebleau, le 22 octobre 1754[3]...

Instruction du Roy à MM[rs] les duc de Chaulnes et marquis de L'Hôpital...

Lettre du Roy à M[r] le marquis de L'Hospital...

Lettre du Roy à Monsr Pitot...

Mémoire des services du S. Pitot, portant qu'il a été officier d'infanterie fort jeune; qu'il se rendit à Paris en 1718 pour entrer dans les ingénieurs du Roy, mais n'i ayant pas de promotion, il fut fait sous-ingénieur des Ponts et Chaussées;

[1] Chef-lieu de canton, arr. de Nîmes (Gard). Voir ci-dessous l'extrait de baptême.
[2] *Almanachs royaux*, chapitre concernant l'Ordre de Saint-Michel.
[3] Cf. la preuve de Lécuyer (1754), qui présente beaucoup d'analogie (n° XXVIII).

En 1724, il fut reçu de l'Académie royale des Sciences; il a fait plusieurs découvertes utiles comprises dans 25 ou 30 mémoires imprimez avec ceux de l'Académie;

En 1732, il publia un traité in-quarto sur la manœuvre des vaisseaux, que les Anglois ont fait traduire en leur langue;

En 1740, les États-Généraux de Languedoc demandèrent le S. Pitot à M. le comte de Maurepas, pour des vérifications importantes, ils luy donnèrent ensuite l'inspection générale du Canal et la direction des travaux publics de la sénéchaussée de Nismes.

Les principaux ouvrages qu'il a fait construire en Languedoc, ou, pour mieux dire, les services qu'il a rendus dans cette province sont :

1. Le nouveau pont du Gard, de la grandeur à peu prez du Pont-Royal de Paris, ouvrage qui passe pour un chef-d'œuvre.

2. Un autre pont en forme de chaussée de 52 arches, à travers l'étang de Frontignan, pour communiquer au port de Cette, ouvrage dont la pierre est un vrai marbre et qui passe encore pour un chef-d'œuvre.

3. Il a sauvé la ville d'Alais du malheur d'être inondée par la rivière du Gardon, dont les eaux s'étoient élevées, en 1742 et 1743, jusqu'au second étage des maisons, dont plusieurs furent renversées; depuis les réparations qu'il y a fait faire, les eaux de cette rivière n'ont pas pénétré dans la ville.

4. Il a garenti les moulins à poudre de Toulouse et fauxbourg de Tounis de la même ville, d'être inondez et emportez par les irruptions de la rivière de la Garonne.

5. Il a fait faire des ouvrages de palières, épys et chaussées, pour contenir le fleuve du Rhône, sous le pont Saint-Esprit, ces ouvrages ont parfaitement réussi.

6. Il a fait venir de l'eau dans la ville de Carcassonne pour 22 fontaines publiques et pour les fabriques des étoffes de draps.

7. Enfin, il a fait construire des nouveaux grands chemins, des cazernes pour les troupes du Roy et plusieurs autres ouvrages, et il fait construire actuellement un grand aqueduc de sept mille toises de longueur, pour conduire des fontaines abondantes dans la ville de Montpellier.

Lettres patentes de confirmation de noblesse et d'annoblissement en tant que besoin accordées par le Roy à son cher et bien amé Henry Pitot, pensionnaire de l'Académie royale des Sciences, de la Société de Londres, censeur royal et inspecteur général du canal de la jonction des mers et directeur des travaux publics de la province de Languedoc, pour lui, ses enfans et postérité nés et à naître en légitime mariage. Ayant fait représenter à Sa Majesté qu'il sacrifie, depuis longtemps et utilement, ses soins et les fruits de son étude dans le génie au bien et à l'avantage de son

— 35 —

Royaume, sans autre récompense que celle de la justice qui a toujours été rendue à son zèle et à son désintéressement, ainsi qu'au succès de ses travaux; qu'il a fait construire un pont contre l'ancien pont du Gard, plus grand que le Pont-Royal de Paris, qui est regardé comme un chef-d'œuvre par tous les connoisseurs; qu'il ne s'est pas aquis moins d'honneur pour les digues qu'il a fait faire pour contenir le cours du Rhône, sous le pont du Saint-Esprit, et par l'édifice d'un pont en forme de chaussée de 52 arches, pour communiquer au port de Cette; que sa ville d'Alais se trouve garantie par ses ouvrages des funestes inondations du Gardon, dont les eaux montoient quelquefois jusqu'au second étage des maisons; qu'il a fait travailler avec succès à des ouvrages pour garantir les moulins à poudre de sa ville de Toulouse et pour donner de l'eau à ses villes de Carcassonne et du Saint-Esprit; qu'il a fait construire des cazernes pour loger les troupes de Sa Majesté, de nouveaux grands chemins et plusieurs autres ouvrages, tant pour Elle que pour le public; que son père, son ayeul et son bisayeul ayant pris dans des actes les qualités avantageuses, épousé des femmes des premières maisons du Languedoc et toujours vécu noblement, il ne comptoit pas avoir besoin d'aucune indulgence pour jouir paisiblement des privilèges de la noblesse; que cependant, la maison de son trisayeul ayant été incendiée par les protestans, en 1570, il lui étoit impossible de justifier sa descendance et filiation noble par des titres assez nombreux et assez suivis, pour être à l'abri de toute recherche et d'inquiétude; en sorte que l'usage que l'exposant a fait de son génie pour l'avantage du Royaume a déterminé Sa Majesté à supléer aux titres qui lui manquent pour constater entièrement son état noble et à lui accorder par sesdites lettres de confirmation de noblesse et d'annoblissement en tant que besoin, tous les honneurs et les prérogatives de la noblesse, qui, se perpétuant dans ses descendans, soient aussi durables que doit l'être le souvenir de ses talens, avec faculté de porter pour armes: *d'azur à 2 palmes d'argent passées en sautoir, accompagnées de 4 étoiles d'or, posées une en haut, une à chaque flanc et la 4ᵉ à la pointe de l'écu, et un chef de gueules chargé d'un lion d'or, naissant à demi-corps.* Ces lettres données à Versailles, au mois de mars 1748, signées: Louis, et plus bas: Par le Roy, Phelypeaux, et à costé: Visa d'Aguesseau, et scellées sur lacs de soye rouge et verte du grand sceau en cire verte; registrées au Parlement de Toulouse, le 15 avril 1749, en conséquence de son arrêt du 13 mars précédent, signé: La Garde; et insinuées à Montpellier, le 28 février 1750, signé: Galyé [1].

[1] Une copie de ces lettres faite sur l'original en parchemin se trouve dans le Nouv. d'Hozier, dossier Pitot, fol. 2-4, et le règlement d'armoiries du 26 mars 1748, *ibidem*, fol. 5 (minute signée de Louis-Pierre d'Hozier). Les armoiries y

Extrait des registres de la parroisse de Saint-Pancrasse de la ville d'Aramon, diocèse d'Uzès, portant que le 5 juin 1695, fut baptisé Henry Pitot, âgé de six jours, fils de noble Antoine Pitot et de D° Jeanne de Jullian, mariés; délivré le 7 d'aoust 1727, signé : Domergue, curé, et légalisé. Auquel est joint le :

Certificat de Michel Poncet de la Rivière, conseiller du Roy en ses Conseils, docteur de la maison et société de Sorbonne, abbé des abbayes de Notre-Dame de Brœuil et de Saint-Eloy-Fontaine, évêque et comte d'Uzès, comme M. Henry Pitot, fils de M. Antoine Pitot, escuier, est natif de la ville d'Aramon de son diocèse, de famille ancienne catholique, dont il a toujours donné des marques, tant par une bonne conduite que par la fréquentation des sacremens ; ce certificat datté de Paris, le 6 janvier 1724 (sic)[1], signé : Michel, évesque-comte d'Usez, plus bas : Par Monseigneur, Rouvière, et scellé du cachet des armes de cet évêque.

Nous Paul Galluccio de L'Hospital, marquis de Châteauneuf-sur-Cher... veu... les titres produits par Henry Pitot... l'avons jugé digne d'être receu chevalier de cet ordre [de Saint-Michel]. En foy de quoy, nous avons signé ces présentes... A Paris, le trentième du mois de novembre mil huit cent cinquante-quatre. Signé : Gallucci L'Hospital et Clairambault, et scellé des cachets de leurs armes.

Je Henry Pitot... jure et promets...

A..... le... jour du mois de... mil sept cent cinquante... (sic).

(Bibl. nat., fr. 32962, anciennement Cabinet des titres, n° 1127, fol. 312-316; minute non signée.)

XXI

GARNIER D'ISLE (JEAN-CHARLES)
(1748?)

Né en 1697, il fut d'abord, comme Le Nostre et Mollet, dont il a été précédemment question, dessinateur des jardins du Roi; à sa mort, le 12 décembre 1755, il était contrôleur général des Bâtiments[2]. Avec C. de L'Assurance, il fut chargé de la construction du château de Bellevue. Est-ce à l'occasion de ce travail, commencé en 1748, qu'il fut anobli, comme le sera L'Assurance en 1750?

sont dites timbrées d'un casque de profil, orné de ses lambrequins d'or, d'azur, d'argent et de gueules.

[1] Michel Poncet décéda en 1728.

[2] BAUCHAL indique à tort son décès le 21 décembre; les scellés furent apposés le 12 décembre. (Cf. GUIFFREY, Scellés et inventaires d'artistes, deuxième partie, 1884, p. 217-223, n° CLXIII.)

C'est probable; mais, ses lettres de noblesse n'ayant pas été retrouvées, il est impossible de l'affirmer. Il faut remarquer cependant qu'on le trouve déjà qualifié *écuyer* dans la liste des Honoraires Associés libres de l'Académie de Peinture et de Sculpture donnée par l'*Almanach royal* de 1749[1].
Par ailleurs, il n'est pas dit écuyer dans le procès-verbal d'apposition des scellés, après son décès[2]. Cet acte nous fait connaître ses enfants : deux filles, l'une mariée au fermier général Mirlot de Neuville qui prend le titre d'écuyer, et trois fils mineurs, dont l'un, Charles-Hippolyte Garnier d'Isle, succéda à son père comme contrôleur général ancien des Bâtiments et décéda à Meudon, le 29 octobre 1763[3].

XXII

L'Assurance (Jean Cailleteaux de)

(Octobre 1750)

L'architecte Jean Cailleteaux de L'Assurance était fils d'un architecte, nommé Pierre, dont Lance, Bauchal et Bellier de la Chavignerie n'ont pas connu le prénom. Les lettres d'anoblissement publiées ici donnent des renseignements sur les travaux du père et du fils. Ce dernier, qui avait le titre d'architecte ordinaire du Roi, charge dans laquelle il avait succédé à de Cotte, était surtout l'architecte de Mme de Pompadour. C'est à l'occasion de l'achèvement du château de Bellevue, construit par lui et Garnier d'Isle pour la marquise, qu'il fut anobli en octobre 1750[4]. L'année suivante, L'Assurance fut créé chevalier de Saint-Michel et son éloge, du

---

[1] Page 337, il est appelé : d'Isle, écuyer, directeur général des Bâtiments du Roi, à Paris, à l'Orangerie; sur la même liste, en 1750, on lit : Garnier, écuyer, seigneur d'Isle, contrôleur général des Bâtiments du Roi, Jardins, Arts et Manufactures, à l'Orangerie. — Son nom n'est pas sur cette liste dans l'*Almanach* de 1748.
[2] Guiffrey, *loco cit.*
[3] Voyez le procès-verbal d'apposition des scellés dans Guiffrey, *op. cit.*, deuxième partie, p. 327-328, n° CCII.
[4] Cf. Vicomte de Grouchy, *Meudon, Bellevue et Chaville*, dans *Mémoires de la Société de l'histoire de Paris et de l'Ile-de-France*, t. XX, 1893, p. 143. Les travaux de Bellevue commencèrent le 30 juin 1748 et l'inauguration eut lieu le 25 nov. 1750. — Garnier était seigneur *d'Isle* et non *de l'Isle*.

reste fort court, fut prononcé par le secrétaire de l'ordre Roy [1] au chapitre tenu le 8 mai [2]. Il mourut en 1755.

Lettres de noblesse pour Jean C. de L'Assurance.

Louis... Le privilège de la noblesse a toujours été regardé par les Roys nos prédécesseurs comme la marque la plus précieuse de leur estime, et la plus digne récompense qu'ils pussent accorder à ceux de leurs sujets qui s'étaient signalés par leur zèle, par leur fidélité et par des talents supérieurs dans les Arts, et il n'est point en effet de moyen plus capable d'exciter à la vertu, d'élever le cœurs et les sentimens, et de perfectionner la connoissance des Arts les plus utiles à la société civile, que d'accorder, à ceux qui donnent des preuves distinguées de leur capacité, des honneurs et des prérogatives, qui se perpétuans dans leurs descendans, soient aussi durables que doit l'être le souvenir des motifs qui y ont donné lieu. Le mérite et les talens dont nous a donné des marques dans l'art de l'architecture notre cher et bien amé Jean Cailleteaux de L'Assurance, notre architecte ordinaire et notre controlleur des Bâtimens de Marly, nous l'ont fait juger digne des témoignages de notre satisfaction et de notre estime; et les services du Sr Pierre Cailleteaux de L'Assurance, son père, sembloient devoir préparer son fils aux preuves que nous voulons lui donner de notre affection, qu'il a mérité de plus en plus par ses services en imitant ceux de son père architecte et controlleur de nos Bâtimens du département de Saint-Germain-en-Laye, qui a servi pendant plus de cinquante années en cette qualité. Ledit S[r] de L'Assurance, son fils, luy ayant succédé dans ce même département, en mil sept cent vingt-quatre, nous le plaçâmes à Marly, en mil sept cent trente-sept, en qualité de controlleur de nos Bâtimens et nous le nommâmes notre architecte ordinaire après le décès du Sr de Cotte, controlleur des Bâtiments de notre château de Fontainebleau et notre architecte ordinaire. Plus de quarante années de service de la part dudit S[r] de L'Assurance, son zèle, son assiduité, son désintéressement dans toutes les opérations que nous luy avons confiées et sa capacité reconnue, nous ont déterminé à luy

---

[1] Pierre-Charles Roy (1683-1764), librettiste, épigrammatiste et auteur des brevets de calotte. Il fut nommé membre de l'ordre de Saint-Michel en 1741. Dans la liste des chevaliers (*Almanach royal* de 1764, p. 124), il est qualifié : secrétaire honoraire du Roi, ancien secrétaire de l'ordre, rue du Mail. Cf., sur ce personnage, A. DE BOISLISLE, *Lettres de M. de Marville*, t. I, p. 192, et RAVAISSON, *Archives de la Bastille*, t. XII, p. 249 et 253.

[2] Voir ce texte dans *Documents concernant divers artistes membres de l'ordre de Saint-Michel*, § II. (*Réunion des Sociétés des Beaux-Arts*, t. XXIV, 1900, p. 466.)

accorder par des lettres d'annoblissement des preuves de notre satisfaction, qui puissent exciter dans notre Royaume l'émulation que nous désirerons d'entretenir pour faire fleurir les Beaux-Arts.

A ces causes, nous avons... annobly et... annoblissons ledit Sr Jean Cailleteaux de L'Assurance...

Donné à Versailles, au mois d'octobre, l'an de grâce mil sept cent cinquante, et de notre règne le trente-sixième. Signé : Louis, et plus bas : Par le Roy, Phelypeaux.

(Bibl. nat., Nouveau d'Hozier, dossier Cailleteaux, fol. 2 ; copie sur l'original en parchemin.)

Règlement d'armoiries.

Règlement d'armoiries par Louis-Pierre d'Hozier pour Jean Cailleteaux de L'Assurance. Paris, 6 octobre 1750.

Un écu *d'azur à trois cailles d'or, posées deux et une*. Cet écu timbré d'un casque de profil, orné de ses lambrequins d'or et d'azur.

(*Ibidem*, fol. 4 ; minute signée.)

XXIII

HÉRÉ DE CORNY (EMMANUEL)

(15 sept. 1751 et mai 1752)

Héré naquit à Nancy le 12 octobre 1705 et fut élève de Boffrand. C'est à lui que l'on doit la place Stanislas de Nancy. Premier architecte et contrôleur général des domaines de Stanislas, roi de Pologne et duc de Lorraine, il fut anobli par ce souverain le 15 septembre 1751 et reconnu par lettres du roi Louis XV du mois de mai 1752 ; on trouvera ci-dessous l'analyse de ces deux actes. En 1753, le roi de France le nomma chevalier de Saint-Michel, mais il mourut avant de s'être fait recevoir[1] ; la pièce publiée ici est donc une minute qui avait été préparée, mais n'a pas servi. Cela ne lui enlève du reste rien de son intérêt.

Du mariage qu'il avait contracté avec Marguerite Duquesnoy, Héré eut seize enfants. Il fut inhumé à Lunéville le 2 février 1763[2].

---

[1] *Almanachs royaux*, ordre de Saint-Michel.
[2] Consulter sur cet architecte les travaux suivants de M. AL. JACQUOT : *Anoblissements d'artistes lorrains*, dans *Réunion des Sociétés des Beaux-Arts*, t. IX, 1885, p. 130-131. Sur la planche qui accompagne cet article se trouvent reproduites les armoiries de Héré ; par suite d'une erreur du graveur, le chef de l'écu est représenté d'argent et non d'or. *Essai de répertoire des artistes lorrains*, troisième partie, dans le même recueil, t. XXV, 1901, p. 321-322.

Preuves d'Emmanuel Héré de Corny pour l'ordre de Saint-Michel.

Extrait des titres produits par Emmanuel Héré, escuier, seigneur de Corny, premier architecte et controlleur général des domaines et bois du Roy de Pologne, duc de Lorraine et de Bar, nommé par le Roy chevalier de son ordre de Saint-Michel, pour les preuves de sa noblesse et de ses âge et religion.

Devant très haut et très puissant seigneur Messire Charles-François de Montmorency-Luxembourg, duc de Luxembourg, de Piney et de Montmorency, pair et premier baron chrétien de France, souverain d'Aigremont, prince de Tingry, comte de Tancarville et de Gournay, baron de Mello, chevalier et commandeur des Ordres du Roy, capitaine d'une compagnie de ses gardes du corps, gouverneur et lieutenant général pour Sa Majesté de la province de Normandie et lieutenant général de ses armées, commissaire députe pour la vérification de ces preuves par lettres patentes du 15 septembre 1753.

Lettres patentes du Roy, chef et souverain grand maître des ordres de Saint-Michel et du Saint-Esprit, adressées à son cher et bien amé cousin le duc de Luxembourg... et à son cher et bien amé Emmanuel-Dieudonné, marquis d'Hautefort, chevaliers de ses Ordres et commissaires des mêmes Ordres pour la présente année, l'un en l'absence ou au défaut de l'autre, portant que les services qu'a rendus à son très cher et très amé frère et beau-père le Roy de Pologne, duc de Lorraine et de Bar, son cher et bien amé Emmanuel Héré, son premier architecte, ayant déjà porté Sa Majesté à confirmer les lettres d'annoblissement à lui accordées par sondit frère et beau-père, elle s'est déterminée à lui donner de nouvelles preuves de sa satisfaction et elle a résolu de l'honorer de la croix de Saint-Michel et de le dispenser même de la preuve de deux races d'extraction de noblesse qu'il seroit obligé de faire, aux termes du IVe article des statuts dudit ordre du 12 janvier 1665; à ces causes, elle les a commis pour examiner, sur le raport du S. Clairambault, généalogiste de ses Ordres, les titres qui lui auront été remis par ledit S. Héré, tant de son âge, religion catholique, apostolique et Romaine, que de son annoblissement en sa personne seulement, etc., et que, s'ils les trouvent suffisants pour être admis, ils en signeront le procès-verbal, avec ledit S. Clairambault, et le scelleront du cachet de leurs armes et ils indiqueront audit S. Héré le jour auquel ils recevront de luy le serment en tel cas requis et lui donneront la croix dudit ordre, en observant ce qui est porté par l'instruction qui leur est adressée à ce sujet. Ces lettres données à Versailles, le 15 septembre 1753, signées : Louis, et plus bas : Par le Roy, chef et souverain grand maître des ordres de S.-Michel et du S.-Esprit, Phelypeaux, à costé : Visa, Arnauld de Pomponne, et scellées du sceau et contre-sceau de l'ordre de S.-Michel en cire blanche.

Instruction du Roy à M¹ˢ les duc de Luxembourg... et marquis d'Hautefort...

Lettre du Roy au duc de Luxembourg...

Lettre du Roy à M¹ Héré...

Lettres patentes d'annoblissement par le Roy Stanislas, roi de Pologne, grand-duc de Lithuanie, Russie, Prusse, Mazovie, Samogitie, Kiovie, Volhinie, Podolie, Podlachie, Livonie, Smolensko, Severie, Czernichovie, duc de Lorraine et de Bar, marquis de Pontamousson et de Nomeny, comte de Vaudemont, de Blamont, de Sarwerden et de Salm, à Emanuel Héré, son premier architecte et conseiller, controlleur général ancien de ses domaines et bois, pour lui, ses enfans et postérité nés et à naître en légitime mariage, pour lui donner une marque distinguée de la satisfaction que Sa Majesté a de ses zèle, fidélité et attachement près de sa personne, depuis son avènement au gouvernement de ses états de Lorraine et de Bar, n'ayant cessé de luy donner des preuves de ses talens, ainsi que de sa probité, bonne conduite et affection; avec faculté de porter pour armes : *d'or à la fasce de gueules, chargée d'un croissant d'argent et en chef un héron éploié, béqué et armé des couleurs naturelles*, et pour cimier le héron de l'écu issant d'un armet morné, orné de ses bourlets et lambrequins aux mêmes couleurs de l'écu. Ces lettres données à Lunéville, le 15 septembre 1751, signées : Stanislas Roy, et sur le reply : Par le Roy, Rouot, et à costé : Registrata, Guire, et scellées sur cordons d'or et de soye du grand sceau de ce Roy en cire jaune; registrées en la Chambre des Comptes de Lorraine à Nancy, le 25 des mêmes mois et an, signé : J. Frimont, et en la Cour souveraine de Lorraine et Barrois audit Nancy, le 2 octobre suivant, signé : H. Huot. A ces lettres sont jointes, sous le contrescel de la Chancellerie de France, les :

Lettres patentes du Roy par lesquelles Sa Majesté reconnoist son cher et bien amé le S. Emmanuel Héré pour noble et le garde et maintient ensemble ses enfants, postérité et descendans masles et femelles nés et à naître en légitime mariage, en la qualité de nobles et d'escuiers, conformément aux susdites lettres d'annoblissement du 15 septembre 1751, voulant Sa Majesté qu'en cette qualité ils soient inscrits dans le Catalogue des nobles de son Royaume, et partout ailleurs où besoin sera, et qu'ils jouïssent des mêmes et semblables droits, privilèges, franchises, etc., dont jouïssent et doivent jouïr les nobles originaires de son Royaume, tant qu'ils vivront noblement et ne feront acte de dérogeance, et leur permettant de porter les armoiries peintes et figurées dans les susdites lettres d'annoblissement. Ces lettres données à Versailles, au mois de may 1752, signées : Louis, et sur le reply : Par le Roy, A. R. de Voyer, à costé : Visa Machault, et scellées sur lacs de soye rouge et verte du grand sceau en cire verte ; registrées au Parlement de Metz, le 13 juillet 1752, signé : Darthenay ; et insinuées au greffe royal des Insinuations laïques du bureau de Metz, le 10 précédent, signé : Burre.

Extrait des registres de baptême de la parroisse de Saint-Sébastien de Nancy, capitale du duché de Lorraine, diocèse de Toul, portant que le 12 octobre 1705 naquit et fut batisé Emmanuel, fils de Paul Hairé (sic), bourgeois, et d'Élisabeth Henry, son épouse, délivré le 14 septembre 1753, signé : Michelet, curé de cette paroisse, et légalisé. Auquel est joint le :

Certificat du prestre, chanoine régulier, curé de Lunéville, comme M. Emmanuel Héré, escuier, seigneur de Corny, premier architecte de Sa Majesté le Roy de Pologne, duc de Lorraine et de Bar, et son parroissien, fait profession de la religion catholique, apostolique et Romaine, datté de Lunéville, le 25 octobre 1753, signé : J.-J. Le Roy, ch. rég., curé de Lunéville, et légalisé.

Nous Charles-François de Montmorency-Luxembourg... certifions à Sa Majesté, chef et souverain de l'ordre de Saint-Michel et à tous ceux qu'il apartiendra que nous avons, en vertu des lettres patentes de Sa Majesté du 15 septembre dernier, veu et examiné, au raport du S. Clairambault, généalogiste desdits Ordres, les titres produits par Emmanuel Héré, escuier, seigneur de Corny, 1er architecte et controlleur général des domaines et bois du Roy de Pologne, duc de Lorraine et de Bar, lesquels nous avons trouvé suffisans pour les preuves requises par les statuts dudit ordre de Saint-Michel, et par notre commission qui le dispense de deux degrez d'extraction de noblesse ordonnés par les mêmes statuts, et en conséquence l'avons jugé digne d'être reçu chevalier de cet ordre. En foy de quoy, nous avons signé ces présentes, avec ledit S. Clairambault, et y avons fait apposer le cachet de nos armes. A Choisy-le-Roy, le dimanche 25e jour du mois de novembre mil sept cent cinquante-trois. Signé : Montmorency-Luxembourg et Clairambault, et scellé du cachet de leurs armes.

Je Emmanuel Héré, escuier, seigneur de Corny... soussigné jure et promets de bien et fidèlement garder et entretenir les statuts et constitutions de l'ordre de Saint-Michel, auquel il a plu au Roy, chef et souverain, de m'associer et d'en porter toujours la croix avec un ruban noir en écharpe, ainsi qu'il est ordonné par l'article IX des statuts de 1665 ; que, s'il vient à ma connoissance quelque chose qui puisse altérer la grandeur et la dignité de l'ordre, ou qui soit contraire au service de Sa Majesté, j'en donnerai avis et m'y opposerai de tout mon pouvoir ; que, s'il arrive (ce que Dieu ne veuille) que je sois trouvé avoir fait quelque chose digne de reproche et pour raison de quoi je sois sommé et requis de rendre la croix dudit ordre, je la restituerai incontinent entre les mains de celui commis par Sa Majesté pour la retirer, sans que pour cette raison je porte aucune haine ni mauvaise volonté envers le Souverain, les chevaliers et officiers. Pour sureté de quoy, j'engage ma foy et mon honneur par le présent acte signé de ma main et scellé du cachet de mes armes. A Paris, le ... jour du mois de ... *(sic)* mil sept cent cinquante-trois.

(Bibl. nat., fr. 32962, anciennement Cabinet des titres n° 1127, fol. 129-132.)

XXIV

BAYEUX (MATHIEU DE)

(1755)

Nous ne possédons pas de renseignements sur le lieu de la naissance, vers 1691, et les débuts de la carrière de Mathieu Bayeux ou de Bayeux [1]. En 1744, il était déjà inspecteur général des Ponts et Chaussées [2]. Lui et sa femme, Anne-Marie-Catherine Piquet, demeurant à Tours, rue Saint-Georges, se font, le 22 juin 1747, une donation mutuelle [3]. Il fut nommé chevalier de l'ordre de Saint-Michel en 1755 [4]; appartenait-il à une famille noble? Bien que nous n'ayons pas trouvé ses lettres d'anoblissement, ce n'est pas probable, car, dans l'acte de 1747, son nom n'est pas suivi du titre d'écuyer. Il possédait, en la paroisse de Ballan [5], la terre du Vau ou de Vaux, au moins à partir de 1756; l'*Almanach de Touraine* de cette année le désignait ainsi : « M. Bayeux de Vaux, chevalier de l'ordre de Saint-Michel, un des quatre inspecteurs généraux des Ponts et Chaussées; il a la Touraine dans son département. » Il continua à remplir ces fonctions jusqu'en 1761, année

---

[1] Cet ingénieur a des notices dans les ouvrages suivants : CHARLES DE GRANDMAISON, *Documents inédits sur les arts en Touraine* (1870), p. 188; GIRAUDET, *les Artistes tourangeaux* (1885), p. 17. — BAUCHAL, *Nouveau Dictionnaire des architectes français* (1887), p. 36, a mal compris ses prédécesseurs et dit à tort : « Il commença le pont du Cher en 1765 et le termina en 1778. » Il faut dire : Il construisit le pont du Cher près Tours et commença en 1765 le pont de Tours sur la Loire, qui fut terminé en 1778 par M. de Limay.

[2] *Almanach royal* de 1744.

[3] Devant Jacques Monys, notaire à Tours (Archives d'Indre-et-Loire, registre des insinuations laïques pour 1747, C. 867, deuxième partie, fol. 45.) Dans les *Almanachs de Touraine* pour 1754 et 1755, son adresse est rue du Chardonnet.

[4] *Almanachs royaux*, ordre de Saint-Michel.

[5] Canton de Montbazon, arrond. de Tours (Indre-et-Loire).

où il semble avoir pris sa retraite [1]; mais il rentra au service de 1765 à 1773, et, pendant cette période, il est dit : ancien inspecteur des Ponts et Chaussées, ingénieur en chef du pont de Tours [2]. Dès le 10 février 1758, M. de Bayeux, encore inspecteur général, avait présenté un projet pour la construction de ce pont, dont la nécessité se faisait sentir, l'ancien pont, situé un peu en amont, étant en ruines [3]. Bayeux, ayant pour collaborateur l'ingénieur Vallée [4], dirigea, jusqu'en 1773, les travaux du pont, dont la première pierre fut posée le 25 octobre 1765.

Au mois d'avril 1773, le Contrôleur général le dispensa, à cause de son grand âge et de ses infirmités, de continuer à suivre ces travaux et à en rendre compte; il fut remplacé par C. de Limay, auquel un article est consacré ci-dessous (n° LIV) [5].

Mathieu de Bayeux, écuyer, seigneur de Vau, chevalier de Saint-Michel, inspecteur général des Ponts et Chaussées, décéda à Ballan, le 8 mai 1777, âgé de quatre-vingt-quatre ans et demi, et fut inhumé le 10 dans le cimetière de cette paroisse [6]. Le musée de la Société archéologique de Touraine possède son portrait [7].

[1] L'*Almanach de Touraine* de 1761 le mentionne encore ; on ne retrouve plus son nom dans celui de 1762.

[2] *Almanachs de Touraine*.

[3] Le pont commencé par M. de Bayeux est celui qui existe encore. Cf. PAUL LESOURD, *Histoire des ponts de Tours*, dans *Bulletin de la Société archéologique de Touraine*, t. X, p. 520-539. Il existe un tirage à part contenant des planches qui ne se trouvent pas dans le *Bulletin*.

[4] Philippe Vallée de Hautmesnil, né au Mesnil-Bus (canton de Saint-Sauveur-Landelin, arrondissement de Coutances, Manche) en 1710, mort à La Chassetière (commune de Notre-Dame-d'Oé, canton de Vouvray, arrondissement de Tours, Indre-et-Loire) en 1783. Il fut admis à la retraite en 1773, quand Bayeux quitta la direction des travaux du pont; sa pension fut fixée à 1,000 l. Il eut pour successeur de Bugy (Lettre de Trudaine à l'intendant de Touraine du Cluzel, 23 avril 1773, Archives d'Indre-et-Loire, C. 239). Cf. CARRÉ DE BUSSEROLLE, *Dictionnaire d'Indre-et-Loire*, t. VI (t. XXXII des *Mémoires de la Société archéologique de Touraine*), p. 351.

[5] Archives d'Indre-et-Loire, lettre de Trudaine du 23 avril 1773, déjà citée.

[6] Greffe de Tours, état civil de Ballan. La femme de Bayeux, Anne-Marie-Catherine Piquet, lui survécut. — A la fin de la même année, le fief du Vau à Ballan appartenait à Pierre-Jacques-Louis Gallot, ingénieur en chef des Ponts et Chaussées de la généralité d'Orléans. (État civil de Tours, paroisse Saint-Venant, 9 octobre 1777.)

[7] Don de la famille Luzarche d'Azay en 1892. (Cf. *Bulletin*, t. IX, p. 69.)

XXV

Baligand (Jean-Jacques)
(5 janvier 1756)

Architecte et ingénieur ordinaire du Roi de Pologne, duc de Lorraine, Baligand, né à Bauves ou Bainers, dans le Hainaut, en 1697, mourut à Nancy et fut inhumé dans l'église Saint-Epvre, le 21 décembre 1762. Par lettres du 5 janvier 1756, Stanislas l'avait anobli; ses armes étaient : *d'azur à un lis au naturel terrassé de sinople*[1].

XXVI

Laurent (Pierre-Joseph)
(Août 1756)

Cet ingénieur naquit à Auberchicourt[2] en 1714 et mourut en 1773. Il dirigea les travaux entrepris pour le desséchement des marais de la Flandre française et du Hainaut et fut le créateur du canal de Saint-Quentin[3]. Les lettres de noblesse, qui lui furent accordées en août 1756, et qui sont publiées ici, nous apprennent qu'il fit construire à Valenciennes une machine pour manœuvrer la herse de la nouvelle arche de poterne, et que c'est grâce à lui qu'il fut possible de reprendre l'exploitation des mines de plomb argentifère de Pont-Péan en Bretagne[4] inondées depuis longtemps. En la même année 1756, il fut reçu dans l'ordre de Saint-Michel, sur les listes duquel il est indiqué comme ingénieur à Bouchain[5] (1757-1761 et 1766-1770), à Paris, rue Saint-Louis-du-Marais (1762-1765) et rue de Vendôme (1771-1773)[6].

---

[1] Jacquot, *Essai de répertoire des artistes lorrains*, troisième partie, dans *Réunion des Sociétés des Beaux-Arts des départements*, t. XXV, 1901, p. 302.

[2] Arrond. et cant. de Douai (Nord).

[3] Nous remercions tout particulièrement notre confrère M. Jules Finot, archiviste du Nord, et M. Benjamin Rivière, bibliothécaire de Douai, des utiles renseignements qu'ils ont bien voulu nous fournir sur Laurent, ainsi que sur deux autres ingénieurs dont il sera question plus bas, Béranger et Durand.

[4] Commune de Saint-Erblon (Ille-et-Vilaine). Cf. Ogée, *Dict. de Bretagne*, nouvelle édition par Marteville et Varin, t. II (1853), p. 747.

[5] Chef-lieu de canton, arrond. de Valenciennes (Nord).

[6] *Almanachs royaux*.

Lettres de noblesse pour Pierre-Joseph Laurent.

Louis... Les Arts et les talens ne contribuent pas moins à la gloire qu'aux avantages d'un État et ceux-là surtout sont vraiment recommandables à nos yeux qui, déterminés par le zèle à des objets d'utilité publique, procurent également le bien de notre service, celui de nos sujets et l'accroissement du commerce, et savent convertir en nouvelles ressources les difficultés mêmes qui se trouvent dans la Nature. Convaincus que nous sommes de l'importance dont il est d'exciter leurs progrès par l'émulation et de régner sur eux par nos bienfaits, nous leur avons décerné des récompenses dans tous les tems, et portant nos vues jusques sur l'avenir, nous les avons admis à participer à ces titres d'honneur, dont l'effet est de transmettre à la postérité la mémoire du mérite et de la vertu. C'est par un prix de cette distinction que nous avons résolu d'illustrer les travaux de notre cher et bien amé Pierre-Joseph Laurent et de lui témoigner la satisfaction que nous en ressentons. Livré, dès sa plus tendre jeunesse à l'étude pratique des mécanique (*sic*), il s'est proposé pour objets principaux de son application les ouvrages publics, tels que les desséchemens de marais, les constructions d'écluses et de ponts, soit permanents ou portatifs, les curements de ports et de canaux et le transport des gros fardaux de guerre. Le succès constant, avec lequel il a rempli les différentes opérations confiées à sa capacité, a pleinement justifié tout ce qu'on s'étoit promis de la certitude et de l'étendue de ses connoissances. Du nombre de ces opérations, qui lui ont mérité les témoignages les plus avantageux, sont la machine qu'il a exécuté à Valenciennes pour manœuvrer la herse de la nouvelle arche de poterne, et celles qu'il a imaginées pour le desséchement des mines du Pontpéan en Bretagne, inondées depuis très longtemps; plusieurs années d'efforts inutiles et ruineux avoient comme établi dans l'opinion générale que cette entreprise devoit être mise au rang des impossibilités; l'intelligence et l'activité du Sr Laurent l'ont enfin emporté sur les obstacles et, après un travail de dix-huit mois, il a tellement réussi que les mines sont actuellement en pleine exploitation.

Aussi fidèle aux obligations que sa naissance lui prescrit envers nous, qu'à l'amour de la Patrie, non seulement il s'est toujours refusé aux propositions que l'étranger a pu lui faire pour l'attirer chez lui, mais de plus il n'a rien oublié pour multiplier dans nos États l'utilité de ses talens, en les communiquant à ses concitoyens, et, dans cette vue, il a réuni dans un cabinet, ouvert à tous ceux qui se présentent, des models (*sic*) exécutés avec autant de soin que de dépense des machines de son invention. Tous ces motifs nous invitent à l'élever à l'état de la noblesse, dont il a déjà les sentiments, et, par cette marque signalée de notre bienveillance, nous animerons de plus en plus son zèle, nous le rendrons en quelque sorte héréditaire dans ses descendants et nous ajouterons un nouveau titre d'encouragement à tous ceux que les Arts ont reçus jusqu'ici de notre protection.

Sçavoir faisons que pour ces causes... nous avons... annobli et annoblissons ledit Pierre-Joseph Laurent... Si donnons en mandement à nos amés et féaux conseillers les gens tenant notre cour de Parlement de Flandres, séant à Douay, présidents et trésoriers généraux de France au bureau de nos finances établi à Lille... que ces présentes ils ayent à faire enregistrer...

Donné à Versailles, au mois d'aoust, l'an de grâce mil sept cent cinquante-six et de notre règne le quarante-unième. Ces lettres signées : Louis, et sur le reply : Par le Roy, M. P. de Voyer d'Argenson.

(Bibl. nat., Nouv. d'Hozier, dossier Laurent, fol. 2 et 3 ; copie.)

Règlement d'armoiries.

Règlement d'armoiries par Louis-Pierre d'Hozier, juge d'armes de France, pour le Sr Pierre-Joseph Laurent. Paris, 27 août 1756.

Un écu *de gueules à un pont de trois arches d'or, posé sur une rivière d'argent, mouvante de la pointe de l'écu et un chef de même chargé de trois croissans d'azur.* Cet écu timbré d'un casque de profil, orné de ses lambrequins d'or, d'azur, d'argent et de gueules.

(Bibl. nat., Nouv. d'Hozier, dossier Laurent, fol. 4 ; minute signée.)

XXVII

SOUFFLOT (JACQUES-GERMAIN)
(Mars 1757)

Il est à peine besoin de consacrer un article au célèbre architecte du Panthéon ; cependant, comme les auteurs diffèrent en ce qui concerne la date de sa naissance, il n'est pas inutile de signaler le nouveau document publié ici. Depuis que Quantin a donné, dans l'*Inventaire-sommaire des Archives de l'Yonne* [1], l'acte de baptême à Irancy [2], le 5 janvier 1709, d'un Jacques-Germain, fils de Germain Soufflot et d'Anne Rojot, cette date a été généralement adoptée comme celle de la naissance de l'architecte, et notamment par Lance, Bauchal et Bellier de la Chavignerie. Elle doit être

[1] Tome I (1868), p. 41 de la série E supplément.
[2] Canton de Coulange-la-Vineuse, arrond. d'Auxerre (Yonne).

rejetée; l'extrait baptistaire, qu'on trouvera ci-dessous, et qui fut produit par l'architecte lui-même, en 1757, prouve qu'il naquit le 22 juillet 1713 et fut baptisé à Irancy le 28; il y est dit fils de Germain Soufflot, lieutenant au bailliage d'Irancy, et de Catherine Millon[1]. Du reste son acte de sépulture, en date du 31 août 1780[2], lui attribue soixante-sept ans environ, ce qui concorde avec 1713, comme date de naissance. Il faut donc, semble-t-il, admettre la naissance, à quelques années de distance, de deux Jacques-Germain Soufflot, et il est évident que c'est le second qui fut l'architecte; nous avons ici son propre témoignage, appuyé d'une pièce authentique[3]. Les lettres de noblesse accordées à cet artiste, au mois de mars 1757, ont été publiées par M. Guiffrey[4]; la même année, Soufflot fut reçu chevalier de Saint-Michel dans le chapitre tenu en novembre. Il mourut célibataire, le 29 août 1780, dans son logement de l'Orangerie des Tuileries, et les scellés furent apposés le même jour[5].

Outre les titres qu'on lira dans les pièces qui suivent, Soufflot avait celui de contrôleur des bâtiments de la ville de Lyon; c'est même le seul que lui donnent, de 1777 à 1780, les listes de l'ordre de Saint-Michel publiées dans les *Almanachs royaux*.

[1] La date du 22 juillet 1713 est celle que donne la *Nouvelle Biographie générale* de Didot et Hoefer (t. XLIV, 1865), et tout récemment encore la *Grande Encyclopédie*. Bellier de la Chavignerie la rejette formellement pour adopter celle de janvier 1709.

[2] Cet acte a été publié, d'après les registres de Saint-Germain-l'Auxerrois, par Jal, *Dictionnaire*, p. 1441.

[3] Depuis que ces lignes ont été écrites, notre confrère M. Ch. Porée, archiviste de l'Yonne, a, dans une obligeante communication, confirmé les conclusions qui précèdent. Sa lettre nous signale en effet l'article de M. Leclerc, *Notice sur Soufflot* (dans *Annuaire de l'Yonne*, 1852, p. 232), où se lit le passage suivant : L'acte de baptême de Soufflot « est inscrit sur les registres de la paroisse d'Irancy, sous la date du 28 juillet 1713, mais il indique le 22 comme le jour de la naissance. » Tout cela concorde parfaitement avec ce qui est contenu dans les preuves de l'architecte pour l'ordre de Saint-Michel; il ne paraît donc plus pouvoir subsister aucun doute. M Porée, que nous ne saurions trop remercier, nous apprend également que l'épitaphe de Catherine Millon, mère de Soufflot, se lit encore, sur une plaque de marbre noir, au déambulatoire de l'église d'Irancy; elle était originaire de Coulange-la-Vineuse et décéda le 31 mars 1743, âgée de cinquante et un ans, ayant eu de nombreux enfants.

[4] *Artistes anoblis*, I, p. 23, n° XII.

[5] Guiffrey, *Scellés et inventaires d'artistes*, troisième partie, p. 108-112, n° CCCXIV.

Preuves de Jacques-Germain Soufflot pour l'ordre de Saint-Michel.

Extrait des titres produits par Jacques-Germain Soufflot, escuyer, l'un des architectes ordinaires du Roy et de la première classe de l'Académie, controlleur des Bâtimens au département de la ville de Paris, nommé par Sa Majesté chevalier de son ordre de Saint-Michel, pour les preuves de sa noblesse et de ses âge et religion.

Devant haut et puissant seigneur Messire Henry-Camille de Beringhen, marquis de Beringhen, comte d'Armainvilliers et de Tournan, seigneur de Grez et d'Ivry-sur-Seine, premier escuyer du Roy, gouverneur des ville et citadelle de Chalon-sur-Saône, lieutenant général pour Sa Majesté de la province de Bourgogne au département de Chalon, gouverneur des châteaux de la Muette et de Madrid, capitaine des chasses des parc et bois de Boulogne, chevalier et commandeur des Ordres du Roy, commissaire député pour la vérification de ces preuves par lettres patentes du 24 juin 1757.

Lettres patentes du Roy... à son très cher et bien amé cousin le duc de Villeroy... et à son très cher et bien amé le marquis de Beringhen... portant que Sa Majesté, à l'exemple des Roys ses prédécesseurs, ayant regardé dans tout le cours de son règne comme une justice de distinguer par des marques honorables ceux de ses sujets qui s'illustroient eux-mêmes par leur application aux Arts et par la supériorité de leurs talens et, que, les talens et la vertu se trouvant réunis dans un degré éminent en la personne de son cher et bien amé Jacques-Germain Soufflot, l'un des architectes de la première classe de son Académie, controlleur de ses Bâtimens au département de sa bonne ville de Paris, Elle avoit cru qu'il étoit de sa justice de l'élever à la noblesse, dont il avoit déjà les sentiments, et que, pour exciter de plus en plus l'émulation dans ceux qui comme lui entreprendront de suivre la même carrière, Elle a résolu de l'honorer de la croix de Saint-Michel et de le dispenser... Ces lettres données à Versailles, le 24 juin 1757, signées : Louis, et plus bas : Par le Roy, chef et souverain grand maître des ordres de Saint-Michel et du Saint-Esprit, Poisson, à costé : Visa Phelypeaux, et scellés du sceau et contre-sceau de l'ordre de Saint-Michel en cire blanche.

Instruction du Roy à M. le duc de Villeroy et à M. le marquis de Beringhen... Versailles, le 24 juin 1757...

Lettre du Roy à M. le marquis de Beringhen... Versailles, le 24 juin 1757...

Lettre du Roy à Mons. Soufflot... Versailles, le 24 juin 1757...

Lettres patentes d'annoblissement accordées par le Roy à son cher et bien amé Jacques-Germain Soufflot... Versailles, au mois de mars 1757[1]...

---

[1] Ces lettres ont été publiées par M. GUIFFREY, I, p. 23, n° XII. On trouve

Extrait des registres des baptêmes de la parroisse de Saint-Germain d'Irancy, diocèse d'Auxerre, portant que Jacques-Germain, fils de M. Germain Soufflot, lieutenant au bailliage d'Irancy, et de dam^lle Catherine Millon, son épouse, né le 22 juillet 1713, y fut baptisé le 28 suivant, délivré le 16 mars 1757 par le curé de ladite parroisse signé : Sadron, et légalisé. Auquel est joint le :

Certificat du curé de l'église royalle et parroissialle de Saint-Germain-l'Auxerrois, à Paris, comme Messire Jacques-Germain Soufflot, architecte du Roy, controlleur des Bâtimens de Sa Majesté, son parroissien, est de bonne vie et mœurs, professe la religion catholique, apostolique et Romaine et s'acquitte de tous les devoirs de religion, datté de Paris, le 17 juillet 1757, signé : Rausnay.

Nous Henry-Camille de Beringhen, marquis de Beringhen,... certifions...
(Bibl. nat., fr. 32962, anciennement Cabinet des titres n° 1127, fol. 387-389; minute non signée.)

XXVIII

L'Ecuyer ou Lécuyer (Charles)

(Mars 1754)

Ingénieur des Ponts et Chaussées et architecte, Charles L'Ecuyer était fils d'un architecte ; les lettres de noblesse, qui lui furent accordées en mars 1754 et qui sont analysées ci-dessous, résument la carrière du père et du fils ; elles nous font connaître sur les travaux de l'un et de l'autre des détails précis et nouveaux. L'Ecuyer fut reçu dans l'ordre de Saint-Michel, le 2 décembre de la même année. Son décès, d'après Bauchal, eut lieu le 24 juin 1776.

Preuves de Charles L'Ecuyer pour l'ordre de Saint-Michel[1].

Extrait des titres produits par Charles L'Ecuyer, escuier, architecte du

---

dans le Nouveau d'Hozier, dossier Soufflot, fol. 3, la minute signée du règlement d'armoiries de Jacques-Germain par Louis-Pierre d'Hozier (Paris, 12 mai 1757): *un écu d'argent à une colonne de gueules, accostée de deux castors au naturel, posés en pal ;* cet écu timbré d'un casque de profil, orné de ses lambrequins de gueules, d'argent et de sable. — *Ibidem*, fol. 2, existe un règlement identique (14 janvier 1782) pour Jean-André Soufflot, écuyer, conseiller-secrétaire du Roy, Maison et Couronne de France, commissaire controleur et receveur des saisies réelles au bailliage et siège présidial d'Auxerre, frère de Jacques-Germain. Dans l'acte de décès de ce dernier, en 1780 (Jal, *loc. cit.*), Jean-André est simplement qualifié négociant à Auxerre. — Une note du même dossier porte que Jacques-Germain a été reçu chevalier de Saint-Michel au chapitre de novembre 1757.

[1] Une partie de cette pièce a été publiée par M. Guiffrey, *Artistes anoblis*,

— 51 —

Roy et controlleur des Bâtiments de Sa Majesté au château de Versailles, nommé par Sa Majesté chevalier de son ordre de Saint-Michel, pour les preuves de sa noblesse et de ses âge et religion.

Devant haut et puissant seigneur Messire Paul Galluccio de L'Hospital, marquis de Châteauneuf-sur-Cher, chevalier et commandeur des Ordres du Roy, lieutenant général de ses armées, inspecteur général de cavalerie et dragons, premier écuier de Madame Adélaïde de France, cy-devant ambassadeur extraordinaire pour Sa Majesté auprès du Roy des Deux-Siciles et chevalier de son ordre royal de Saint-Janvier, commissaire député pour la vérification de ces preuves par lettres patentes du 23 novembre 1754.

Armes : *de gueules à une fasce d'or, accompagnée de trois étoiles d'argent, posées deux en chef et une en pointe.*

Lettres patentes du Roi, chef et souverain grand maître des ordres de Saint-Michel et du Saint-Esprit, adressées à son cher et bien-amé cousin le duc de Chaulnes, pair de France, capitaine-lieutenant des 200 chevaux-légers de sa garde et lieutenant général de ses armées, et à son cher et bien amé Paul Galluci de L'Hospital, marquis de l'Hospital et de Châteauneuf-sur-Cher, premier écuyer de sa très chère fille Adélaïde, lieutenant général de ses armées, chevaliers et commandeurs de sesdits Ordres et commissaires des mêmes Ordres pour la présente année, l'un en l'absence ou au défaut de l'autre, portant que les services distingués, que rend à Sa Majesté depuis 37 ans, tant dans ses Ponts et Chaussées, que dans l'inspection et controlle de ses Bâtimens, son cher et bien amé Charles L'Ecuyer, controlleur des Bâtimens de son château de Versailles depuis 1742, l'ont déterminé à lui accorder, au mois de mars dernier, des lettres d'annoblissement, mais que les preuves qu'il continue de Lui donner de sa probité et de ses talens, dans toutes les fonctions qu'Elle lui a confiées, L'ayant engagé à lui donner de nouveaux témoignages de la satisfaction qu'Elle a de son zèle pour son service, Elle a résolu de l'honorer de la croix de Saint-Michel et de le dispenser aussi par ces considérations de la preuve de deux races d'extraction de noblesse, qu'il seroit obligé de faire aux termes de l'article IV des statuts du sondit ordre de Saint-Michel du 12 janvier 1665. A ces causes, Elle les a commis pour examiner, sur le raport du S. Clairambault, généalogiste de ses Ordres, les titres qui leur auront été remis par le même S. L'Ecuyer, tant de son âge, religion catholique, apostolique et Romaine, que de son annoblissement en sa personne seulement, etc., et que, s'ils les trouvent suffisans pour être admis, ils en signeront le procès-verbal, avec ledit S. Clairambault, et le scelleront du cachet de leurs armes et ils indiqueront audit S. L'Ecuyer le

II, p. 240, n° XI, d'après une copie sur parchemin (incomplète), appartenant alors à M. Dumoulin

jour auquel ils recevront de lui le serment en tel cas requis et lui donneront la croix dudit ordre, en observant ce qui est porté par l'instruction qui leur est adressée à ce sujet. Ces lettres données à Versailles, le 23 novembre 1754, signées : Louis, et plus bas [1] : Par le Roy, chef et souverain grand maître des ordres de Saint-Michel et du Saint-Esprit, Phelypeaux, à costé : Visa Arnauld de Pomponne, et scellées du sceau et contre-sceau de l'ordre de Saint-Michel en cire blanche.

Instruction du Roy à M^{rs} les duc de Chaulne et marquis de L'Hôpital... Versailles, 23 novembre 1754...

Lettre du Roy à M. le marquis de L'Hospital... Versailles, 23 novembre 1754...

Lettre du Roy à M. L'Ecuyer... Versailles, 23 novembre 1754...

Lettres patentes d'annoblissement accordées par le Roy à son cher et bien amé Charles L'Ecuyer, pour lui, ses enfans et postérité nés et à naître en légitime mariage, portant que les titres d'honneur étant la plus noble récompense que Sa Majesté puisse accorder aux hommes vertueux, et qui se rendent recommandables non-seulement par leur probité, leur désintéressement, leur zèle pour sa personne et pour son service, mais aussi par leurs talens et par la distinction avec laquelle ils remplissent les emplois où Elle juge à propos de les placer, Elle trouve dans la personne dudit Charles L'Ecuyer toutes ces qualitez réunies ; qu'il a commencé à La servir dès l'année 1717 dans ses Ponts et Chaussées ; que, son mérite y ayant été promptement reconnu, Elle l'éleva au grade d'ingénieur des Ponts et Chaussées de sa province de Champagne, où il a servi jusqu'en l'année 1733, qu'il revint prendre ses fonctions de l'inspection des Bâtimens de son château de Marly et dépendances, successivement à son père, qui avoit servi pendant 50 ans dans la même qualité avec beaucoup de zèle et qui est mort revêtu du controlle de sondit château de Marly et du titre d'architecte de son Académie ; que, son fils continuant à se distinguer, Sa Majesté l'éleva en l'année 1734 à une place d'Architecte de sadite Académie, et en 1742 Elle lui confia la place de controlleur des Bâtimens de son château de Versailles, qu'il remplit depuis ce temps à son entière satisfaction et que des services si suivis Lui ont paru mériter une récompense que ledit S. L'Ecuyer puisse transmettre à ses descendans et qui fasse connoître à la postérité son attention à honorer le vray mérite ; avec faculté de porter pour armes *de gueules à une fasce d'or, accompagnée de 3 étoiles d'argent, posées deux en chef et une en pointe*. Ces lettres données à Versailles, au mois de mars 1754, signées : Louis, et sur le reply : Par le Roy, Phelypeaux, à costé : Visa Machault, et scellées sur lacs de

---

[1] Ici s'arrête le texte publié par M. Guiffrey.

soye rouge et verte du grand sceau en cire verte; registrées au Parlement, le 28 novembre 1754, signé : Du Franc [1].

Certificat [2] du supérieur de la maison de la Congrégation de la Mission et curé de l'église royale et paroissiale de Notre-Dame de Versailles, portant que M. Charles Lécuyer, architecte du Roy et controlleur du château de Versailles, son parroissien, fait profession de la foy catholique, apostolique et Romaine, qu'il tient une conduite très régulière et qu'il est regardé dans la parroisse comme un homme plein de probité, de droiture et d'honneur, datté de Versailles, le 27 novembre 1754, signé : Rance.

Nous Paul Galluccio de L'Hospital, marquis de Châteauneuf-sur-Cher, chevalier et commandeur des Ordres du Roy, lieutenant général de ses armées, inspecteur général de cavalerie et dragons, premier écuyer de Madame Adélaïde de France, cy-devant ambassadeur extraordinaire pour Sa Majesté auprès du Roy des Deux-Siciles et chevalier de son ordre royal de Saint-Janvier, certifions à Sa Majesté, chef et souverain de l'ordre de Saint-Michel, et à tous ceux qu'il apartiendra, que nous avons, en vertu des lettres patentes de Sa Majesté du 23 de ce mois, veu et examiné, au raport du S. Clairambault, généalogiste desdits Ordres, les titres produits par Charles L'Écuyer, escuier, architecte du Roy et controlleur de ses Bâtimens au château de Versailles, lesquels nous avons trouvé suffisans pour les preuves requises, par les statuts dudit ordre de Saint-Michel et par notre commission qui le dispense de deux degrez d'extraction de noblesse ordonnés par les mêmes statuts, et en conséquence l'avons jugé digne d'être receu chevalier de cet ordre. En foy de quoy, nous avons signé ces présentes, avec ledit S. Clairambault, et y avons fait aposer le cachet de nos armes. A Paris, le trentième jour du mois de novembre mil sept cent cinquante-quatre. Signé Gallucci L'Hospital et Clairambault, et scellé des cachets de leurs armes.

Je Charles L'Écuyer, escuier, architecte du Roy, et controlleur des Bâtimens de Sa Majesté au château de Versailles, soussigné jure et promets de bien et fidèlement garder et entretenir les statuts et constitutions de l'ordre de Saint-Michel, auquel il a plu au Roy, chef et souverain, de m'associer, et d'en porter toujours la croix avec un ruban noir en écharpe, ainsi qu'il est ordonné par l'article IX des statuts de 1665; que, s'il vient à ma connoissance quelque chose qui puisse altérer la grandeur et la

---

[1] Une copie de ces lettres est dans le Nouveau d'Hozier, dossier Écuyer (l'), fol. 2-3. Au folio 4, on trouve la minute signée du règlement d'armoiries, fait par Louis-Pierre d'Hozier (Paris, 9 avril 1754). L'écu y est dit timbré d'un casque de profil, orné de ses lambrequins d'or, de gueules et d'argent.

[2] L'extrait de baptême manque dans cette preuve.

dignité de l'ordre, j'en donnerai avis et m'y opposerai de tout mon pouvoir ; que, s'il arrive (ce que Dieu ne veuille) que je sois trouvé avoir fait quelque chose digne de reproche et pour raison de quoy je sois sommé et requis de rendre la croix dudit ordre, je la restituerai incontinent entre les mains de celui qui sera commis par Sa Majesté pour la retirer, sans que pour cette raison je porte aucune haine, ni mauvaise volonté envers le Souverain, les chevaliers et officiers. Pour sûreté de quoy, j'engage ma foy et mon honneur par le présent acte signé de ma main et scellé du cachet de mes armes. A [Paris], le [deuxième] jour du mois de [décembre][1] mil sept cent cinquante-quatre.

Et[2] ledit jour, deuxième du mois de décembre mil sept cent cinquante-quatre, nous marquis de L'Hospital, chevalier et commandeur des Ordres du Roy, commissaire et président à l'assemblée de Messieurs les chevaliers de l'ordre de Saint-Michel, dans une salle du grand couvent des Cordeliers à Paris, en exécution du pouvoir et de l'instruction à nous donnés par le Roy et cy-dessus mentionnés, avons fait chevalier de l'ordre de Saint-Michel mondit S. Lécuyer, en lui donnant l'accolade en la manière accoutumée. Et après l'avoir entendu lire son serment, qui lui a été présenté par l'huissier des Ordres du Roy, et le luy avoir vu signer, nous, aidé du héraut des mêmes Ordres, lui avons passé le cordon noir et la croix de l'ordre de Saint-Michel pour les porter en écharpe sur son habit, le tout conformément à l'article IX des statuts de l'an 1665. En foy de quoy, nous lui avons donné le présent acte signé de notre main et scellé du cachet de nos armes. Signé : Gallucci de L'Hospital, et scellé du cachet de ses armes.

Collationné. Clairambault.

(Bibl. nat., franc. 32962, anciennement Cabinet des titres n° 1127, fol. 58-60 ; minute non signée, complétée ici à l'aide du texte publié par M. Guiffrey.)

XXIX

Maritz (Jean)

(Mars 1755)

Ce fondeur célèbre fut baptisé le 26 juillet 1711[3]. Louis XV l'anoblit en mars 1755 et la même année le nomma chevalier de Saint-Michel, mais Maritz ne se fit recevoir qu'en 1758. Dans les listes des membres de l'ordre, publiées par l'*Almanach royal*, il

---

[1] Les mots entre crochets manquent ; on les a suppléés grâce au passage suivant, où les dates sont empruntées au texte de M. Guiffrey.
[2] Ici reprend le texte publié par M. Guiffrey.
[3] Voir ci-dessous l'extrait de son acte de baptême.

est qualifié jusqu'en 1762 : commissaire des fontes de l'artillerie de France, titre que lui donnent également les *Almanachs* de 1766, 1767 et 1768 ; dans ceux des années 1763, 1764 et 1765 et à partir de 1769, il est qualifié : inspecteur général des fontes et forges. Il créa en Espagne plusieurs établissements importants, notamment à Séville et à Barcelone ; à partir de 1771, les *Almanachs* indiquent sa résidence en Espagne. Il mourut, le 16 mai 1790, dans une terre qu'il possédait près de Lyon [1]. On trouvera ci-dessous (n° XLVI) le texte des lettres de noblesse accordées en 1775 à son gendre Bérenger.

Preuves de Jean Maritz pour l'ordre de Saint-Michel.

Extrait des titres produits par Jean Maritz, escuier, commissaire des fontes de l'artillerie du Roy à Strasbourg, nommé par Sa Majesté chevalier de son ordre de Saint-Michel, pour les preuves de sa noblesse et de ses âge et religion.

Devant haut et puissant seigneur Messire Daniel-François, comte de Gelas de Voisins d'Ambres, vicomte de Lautrec, apellé le comte de Lautrec, chevalier et commandeur des Ordres du Roy, lieutenant général des armées de Sa Majesté et en la province de Guienne, gouverneur de la ville et prévosté du Quesnoy, cy-devant ambassadeur extraordinaire auprès de l'empereur Charles VII, commissaire député pour la vérification de ces preuves par lettres patentes du 21 juin 1755.

Lettres patentes du Roy, chef et souverain grand maître des ordres de Saint-Michel et du Saint-Esprit, adressées à son cher et bien amé cousin le duc de Nivernois, pair de France, et à son cher et bien amé le comte de Lautrec, lieutenant général de ses armées, chevaliers de sesdits Ordres et commissaires des mesmes Ordres pour la présente année, l'un en l'absence ou au défaut de l'autre, etc., portant que Sa Majesté voulant donner à son bien amé Jean Maritz, commissaire des fontes de son artillerie à Strasbourg, des marques de la satisfaction qu'Elle a de ses services, Elle lui a accordé au mois de mars dernier des lettres d'annoblissement, mais que, son zèle, ses talens et la distinction avec lesquels il continue d'exercer les fonctions de sa place Lui paroissant de plus en plus dignes de ses

[1] D'après la *Nouvelle Biographie générale* de Didot-Hoefer, qui lui consacre un article emprunté à Le Bas, *Dictionnaire encyclopédique de la France;* toutefois, l'*Almanach royal* de 1791 le mentionne encore parmi les chevaliers de Saint-Michel, mais on verra à l'article Clairain des Lauriers (n° XXXIX) que ces listes n'étaient pas tenues très exactement au courant.

récompenses, Elle a résolu de l'honorer de la croix de Saint-Michel et de le dispenser par ces considérations de la preuve des deux races d'extraction de noblesse... Ces lettres données à Versailles... le 21 juin 1755...

Instruction du Roy à M^{rs} les duc de Nivernois et comte de Lautrec... Versailles, 21 juin 1755...

Lettre du Roy à M. le comte de Lautrec... Versailles, 21 juin 1755...

Lettre du Roy à M. Maritz... Versailles, 21 juin 1755...

Lettres patentes d'annoblissement accordées par le Roy à son cher et bien amé Jean Maritz, commissaire des fontes de son artillerie à Strasbourg, pour lui, ses enfans et postérité nés et à naître en légitime mariage, portant qu'étant inventeur d'une machine pour forer les canons coulés sans noyau, Sa Majesté a jugé que cette machine pouvoit être utile à sa marine ; que, sur le compte qui Lui en a été rendu, Elle a cru devoir donner ses ordres pour établir plusieurs de ses machines, qui toutes réussissent parfaitement ; que d'ailleurs Elle n'ignore pas qu'il est parvenu à procurer aux canons de fer toute la perfection dont ils sont susceptibles ; qu'Elle est pareillement informée qu'il a remis en état la fonderie de Rochefort et que, par un zèle particulier, qui Lui annonce la perpétuité de son établissement dans son Royaume, il a fait part de ses connoissances à de jeunes fondeurs, qui peuvent à présent être utiles à Sa Majesté; que des services aussi considérables, dont Elle peut tirer les plus grands avantages sur terre et sur mer, L'ont déterminée à accorder audit S. Maritz la grâce la plus éclatante et la plus distinguée qu'Elle puisse faire en l'annoblissant ainsi que sa postérité et qu'Elle joint à ces considérations celle d'exciter de plus en plus l'émulation de ceux qui ne s'établissent dans son royaume que pour La faire profiter de leurs lumières et y jouir de la gloire de leurs talens, dont ils semblent s'occuper davantage que des récompenses de Sa Majesté; avec faculté de porter pour armes : *de sable à une croix d'argent, cantonnée de quatre canons d'or*. Ces lettres données à Versailles, au mois de mars 1755, signées : Louis, et plus bas : Par le Roy, Phelypeaux, à costé : Visa Machault, et scellées sur lacs de soye rouge et verte; registrées au Conseil souverain d'Alsace à Colmar, le 16 may de la même année 1755, signé : Marquais [1].

Extrait en latin du registre de batêmes de l'église de la ville de Burgdorff (*en latin* Castrovillana), au canton de la République de Berne, portant que, le 26 juillet 1711, fut batisé Jean, fils de Jean Mariz (*sic*), citoyen de cette ville, et de Caterine Vôgeli. Cet extrait délivré le 30 avril 1752, signé : Johan Rodolph Gruner V. D. M. Pasteur de cette église, scellé du sceau de ses armes et légalisé le 1er mai suivant par les

---

[1] Une copie de ces lettres se trouve dans le Nouveau d'Hozier, dossier Maritz, fol. 2 et 3.

consul et sénat de ladite ville, signé : Ruthi Archigrammateus, et scellé en placard du sceau de la même ville. Auquel est joint le :

Certificat de Jean Yver, prestre, curé de Saint-Antonin de la ville d'Angoulesme, comme Messire Jean Mariz, inspecteur général des fontes de l'artillerie, habitant depuis 6 mois dans sadite parroisse, y a rempli avec édification tous les devoirs d'un vrai chrétien, qu'il y a receu avec pieté les sacremens de l'église catholique et s'y est attiré par la régularité de ses mœurs l'estime de tout le public, datté d'Angoulesme, le 5 juillet 1755, signé : J. Yver, curé, etc., et légalisé.

Nous Daniel-François, comte de Gelas de Voisins d'Ambres, vicomte de Lautrec, apellé le comte de Lautrec,... certifions à Sa Majesté... que nous avons, en vertu de ses lettres patentes du 21 juin dernier, veu et examiné, au raport du Sr Clairambault, généalogiste desdis Ordres, les titres produits par Jean Maritz, escuier, commissaire des fontes de l'artillerie du Roy à Strasbourg, lesquels nous avons trouvés suffisans pour les preuves requises, par les statuts dudit ordre de Saint-Michel et par notre commission qui le dispense de deux degrez d'extraction de noblesse ordonnées par les mêmes statuts, et en conséquence l'avons jugé digne d'être receu chevalier de cet ordre. En foy de quoy, nous avons signé ces présentes, avec ledit Sr Clairambault, et y avons fait aposer le cachet de nos armes. A Paris, le ... jour du mois de ... (*sic*) mil sept cent cinquante-cinq [1].

Je Jean Maritz... jure et promets...

(Bibl. nat., franç. 33962, anciennement Cabinet des titres n° 1127, fol. 197-200 minute non signée.)

XXX

Périer (L.-J.-Cl.-M.-M.)
(Octobre 1755)

Comme Jean de La Motte, dont il a été question ci-dessus (n° XII), Louis-Jean-Claude-Marie-Madeleine Périer ou Perrier était premier commis des Bâtiments du Roi, quand il fut anobli au mois d'octobre 1755 par des lettres patentes que nous n'avons malheureusement pas retrouvées. On ne sait rien sur lui sinon qu'il fut reçu dans l'ordre de Saint-Michel en 1756 ; dans les listes des membres de cet Ordre, les *Almanachs royaux* de 1762 à 1765

[1] Cette date, qui avait été mise sur la minute préparée à l'avance, n'est certainement pas exacte. D'après les *Almanachs royaux*, Maritz ne fut reçu dans l'ordre de Saint-Michel qu'en 1758.

lui donnent un titre nouveau, celui de *secrétaire général* et premier commis des Bâtiments du Roi (adresse : rue Saint-Thomas-du-Louvre); à partir de l'*Almanach* de 1766, il fut qualifié ci-devant premier commis des Bâtiments, et dans celui de 1770 son adresse devint place du Vieux-Louvre. Il paraît être décédé en 1788[1].

Règlement d'armoiries pour Périer.

Règlement d'armoiries par Louis-Pierre d'Hozier, juge d'armes de France, pour Louis-Jean-Claude-Marie-Madeleine Périer, premier commis des Bâtiments du Roi, anobli par lettres patentes données à Versailles, au mois d'octobre 1755, signées : Louis, et plus bas : Par le Roi, Phelypeaux. Paris, 14 novembre 1755.

Un écu *coupé : le chef, d'or à un aigle de sable, ayant le vol étendu et couronné de gueules ; la pointe, écartelée de gueules et d'azur.* Cet écu timbré d'un casque de profil, orné de ses lambrequins d'azur, d'or, de gueules et de sable.

(Bibl. nat., Nouv. d'Hozier, dossier Périer, fol. 2; minute signée.)

XXXI

Dupré de Mayen (André)

(Janvier 1759)

Ce n'est qu'après quelque hésitation que nous avons admis parmi les ingénieurs Dupré, auquel A. de Rochas (qui ignore son prénom) a consacré un article dans la *Nouvelle Biographie générale* de Didot-Hoefer. Né aux environs de Grenoble, il mourut vers le mois de novembre 1772; il exerçait la profession de joaillier, quand il découvrit, en cherchant à fabriquer de faux diamants, une sorte de feu grégeois. Le maréchal de Bellisle, ministre de la guerre, auquel il s'adressa, fit commencer des expériences; mais Louis XV en empêcha la continuation par un sentiment d'humanité, fit venir l'inventeur dans son cabinet et jeta au feu ses mémoires sans les lire. Pour dédommager Dupré, le Souverain l'anoblit, en janvier 1759; puis, en 1762, lui donna le cordon de Saint-Michel. On remarquera que, probablement avec intention, les lettres de 1759 ne parlent que d'une façon générale

---

[1] Du moins son nom ne se retrouve plus sur la liste contenue dans l'*Almanach royal* de 1789.

des découvertes de Dupré; les armes réglées par d'Hozier font toutefois une allusion discrète à celle du feu grégeois. Dans les listes des chevaliers de Saint-Michel, on le trouve désigné ainsi : M. Dupré de Mayen, commissaire ordinaire d'artillerie [1].

Lettre de noblesse pour André Dupré.

Louis, par la grâce de Dieu roi de France et de Navarre, dauphin de Viennois, comte de Valentinois et Dyois, à tous présens et à venir salut. Entre les différentes grâces auxquelles un sujet peut aspirer par son mérite, il n'en est pas de plus prétieuse que celle qui, l'élevant à l'état de la noblesse, assure à tous ses descendans le fruit du bienfait, dont leur auteur s'est rendu digne. Aussi dans les principes que nous nous sommes imposés pour la juste distribution des grâces, nous avons toujours réservé celle de l'annoblissement pour être la récompense, ou de services importans rendus à l'État, ou de talens distingués auxquels la Patrie est redevable de découvertes dont l'utilité est reconnue. C'est par des talens de cette espèce que notre cher et bien amé le Sr André Du Pré s'est rendu recommandable à nos yeux, et son application dans l'étude des Sciences et des Arts, à laquelle il s'est livré dès sa plus tendre jeunesse, a été suivie des succès les plus propres à lui mériter une marque signalée de notre bienveillance. Occupé seulement de l'avantage qui devoit résulter de ses découvertes, son désintéressement ne pouvoit lui laisser désirer de récompenses, que celles qui sont uniquement honorifiques, et la pureté de ses sentimens nous a paru d'autant plus digne de recevoir un prix de cette espèce que nous avons d'ailleurs été informés qu'il sort d'une famille de Dauphiné depuis longtemps regardée comme noble, qu'il a même rempli diférens emplois qui suposent la noblesse dans celui qui les exerce, et que cette famille est d'ailleurs alliée à plusieurs autres dont la noblesse est reconnue.

Savoir fesons que... nous avons... annobli et annoblissons ledit Sr André Du Pré...

Donné à Versailles, au mois de janvier, l'an de grâce mil sept cent cinquante-neuf et de notre règne le quarante-quatrième. Ces lettres signées : Louis, et sur le repli : Par le Roi-Dauphin, le maréchal-duc de Bellisle.

(Bibl. nat., Nouv. d'Hozier, dossier Pré (du), fol. 35-36 ; copie sur l'original en parchemin.)

---

[1] *Almanachs royaux* ; le nom de *Mayen* ne paraît qu'à l'*Almanach* de 1764; pas d'adresse, sauf en 1771 *rue de l'École*, et en 1772 *chez M. Quévanne, essayeur des Monnaies de France*.

Règlement d'armoiries.

Règlement d'armoiries par Louis-Pierre d'Hozier pour André Du Pré. Paris, 12 février 1759.

Un écu d'argent à un dragon d'azur ailé, jetant des flammes au naturel par la gueule, et un chef de gueules chargé d'un lis d'or. Cet écu timbré d'un casque de profil, orné de ses lambrequins d'or, d'azur, d'argent et de gueules.

(Bibl. nat., Nouv. d'Hozier, dossier Pré (du), fol. 21 ; minute signée.)

XXXII

PETITOT (ENNEMOND-ALEXANDRE)
(Mai 1760)

Premier architecte du duc de Parme, il fut anobli par des lettres patentes de Louis XV du mois de mai 1760 ; ce document n'a pas été retrouvé ; mais les lettres d'anoblissement accordées en juillet 1771, à son frère François-Augustin, conseiller honoraire en la Cour des Monnaies de Lyon, peuvent dans une certaine mesure en tenir lieu. Elles contiennent des renseignements sur leur famille et notamment sur leur père qui fut ingénieur. Ennemond-Alexandre paraît sur les listes des chevaliers de Saint-Michel dans les *Almanachs royaux* de 1764 à 1791 [1] ; il fut donc admis dans l'ordre en 1763, mais il ne se fit jamais recevoir. Il fut Correspondant étranger de l'Académie royale d'Architecture de Paris ; son nom se trouve encore sur les listes en 1793 [2]. D'après Dussieux [3], il était né en 1730 et mourut au commencement du dix-neuvième siècle.

Premier règlement d'armoiries pour Ennemond-Alexandre Petitot, architecte.

Règlement d'armoiries par Louis-Pierre d'Hozier, juge d'armes de France, pour Ennemond-Alexandre Petitot, premier architecte de l'infant dom Philipes, duc de Parme, anobli par lettres données à Versailles au mois de mai 1760. Paris, 24 mai 1760.

[1] L'*Almanach* de 1792 ne contient plus cette liste.
[2] L'*Almanach national* de 1793, p. 325. — Son nom se lit déjà parmi les Correspondants étrangers dans l'*Almanach royal* de 1769 (p. 415), qui le premier donna cette liste.
[3] *Artistes français à l'étranger*, troisième édition (1876), p. 451.

Un écu *d'azur à trois colonnes d'argent, posées en pal deux et une.* Cet écu timbré d'un casque de profil, orné de ses lambrequins d'argent et d'azur.

(Bibl. nat., Nouv. d'Hozier, dossier Petitot, fol. 2 ; minute signée. Ce règlement a été annulé par celui du 9 mai 1772 ci-dessous.)

Lettres de noblesse pour François-Augustin Petitot, son frère.

Louis... Un des principaux objets auxquels nous nous sommes scrupuleusement attaché, depuis notre avènement à la Couronne, a été de faire rendre, dans toute l'étendue de notre Royaume, la justice la plus exacte à nos sujets... Nous nous sommes toujours fait une loi de préférer pour remplir les places de la magistrature ceux de nos sujets les plus distingués... En leur confiant cette portion la plus précieuse de notre autorité, nous avons attaché à cet état honorable des droits, prérogatives, privilèges, franchises, libertés, prééminences, exemptions, et immunités, dont jouissent les cours souveraines de notre Royaume. C'est par ces mêmes motifs que nous nous sommes déterminés de donner au Sr François-Augustin Petitot, conseiller honoraire en notre Cour des Monnoyes de Lyon, des marques de notre bienveillance particulière, dont nous le jugeons d'autant plus digne que nous nous sommes fait informer des services qu'il nous a rendus dans les fonctions de sa charge pendant l'espace de vingt-deux ans et qu'il est encore en état de nous rendre, comme conseiller honoraire de ladite cour, par la supériorité de ses lumières, une sagesse éclairée, la plus exacte probité et un parfait désintéressement, à l'exemple du S^r son père [1], également recommandable par les services qu'il nous a rendu dans nos armées en qualité d'ingénieur et par les avantages considérables qu'il a procuré, tant à notre bonne ville de Paris et à notre Hôtel royal des Invalides, qu'à la ville de Lyon, sa patrie, par l'invention de plusieurs machines utiles, aussi simples que solides, à l'exemple du Sr Jean-Pierre-Marie Petitot, son frère, officier dans notre régiment Lyonnois, mort dans nos armées combinées de France et d'Espagne, sous les ordres de notre frère et gendre l'infant dom Philippe, duc de Parme, après avoir donné des marques de la plus grande bravoure et d'un courage réfléchi, et encore à l'exemple du Sr Ennemond-Alexandre Petitot, son frère, premier architecte et capitaine ingénieur de notre frère et petit-fils dom Ferdinand, duc de Parme, dont les talents portés au plus haut degré de perfection ont mérité de notre part des lettres d'annoblissement.

A ces causes et par la considération et protection singulière que noredit frère et petit-fils a accordée audit Sr François-Augustin Petitot...

---

[1] Simon, ingénieur, né le 16 août 1682, mort à Montpellier le 6 septembre 1746, fils de François, huissier au Parlement de Dijon.

nous avons annobli et... annoblissons ledit Sr François-Augustin Petitot...
Données à Compiègne, au mois de juillet, l'an de grâce mil sept cent soixante et onze, de notre règne le cinquante-sixième. Signé : Louis, et plus bas : Par le Roy, Bertin.

(Bibl. nat., Nouv. d Hozier, dossier Petitot, fol. 3 et 4 ; copie [1].)

Règlement d'armoiries pour François-Augustin Petitot.

Règlement d'armoiries par Antoine-Marie d'Hozier de Sérigny, juge d'armes de la noblesse de France, pour François-Augustin Petitot. Paris, 5 août 1771.

Un écu de gueules à une bande d'or, chargée de trois croisettes anchrées d'azur et accompagnée de deux fers de lance d'argent, posés l'un en chef et l'autre en pointe. Cet écu timbré d'un casque de profil, orné de ses lambrequins d'or, d'azur, d'argent et de gueules.

(*Ibidem*, fol. 6 ; minute signée. Ce règlement était d'abord daté du 5 novembre 1770.)

Nouveau règlement pour Ennemond-Alexandre Petitot.

Nouveau règlement d'armoiries pour le Sr Ennemond-Alexandre Petitot, chevalier de l'Ordre du Roy et premier architecte de son Altesse Royale l'infant dom Ferdinand, duc de Parme, fait par Ant.-Marie d'Hozier de Sérigny, sur requête dudit sieur, annulant le règlement du 24 mai 1760 et lui attribuant les mêmes armes qu'à son frère François-Augustin, armes « qui avoient été adoptées depuis longtems par sa famille ». Paris, 9 mai 1772.

(*Ibidem*, fol. 10 et 12 , minute signée. Ce règlement était d'abord daté du 4 février 1771.)

XXXIII

OUTREQUIN (PIERRE)

(Mai 1761)

Par brevet du 29 janvier 1761, Camus de Pontcarré, prévôt des marchands, nomma Outrequin « directeur général de tous les projets et plans tendants à l'agrandissement, commodité et décoration » de la ville de Paris [2] ; quelques mois après, en mai de la

---

[1] Ces lettres étaient d'abord datées de Fontainebleau, octobre 1770 ; une note de A.-M. d'Hozier de Sérigny porte : « Mr Bertin, ministre et secrétaire d'État, qui a signé ces lettres, a consenti depuis (pour je ne sçay quelle raison) qu'on changeroit la datte. »

[2] Brevet publié par M. GUIFFREY dans *Revue de l'art français ancien et moderne*, 9e année, avril 1892, p. 124-126.

— 63 —

même année, il reçut des lettres de noblesse publiées précédemment par M. Guiffrey, qui cite des documents établissant que Pierre Outrequin était décédé avant le 11 septembre 1762[1]. Toutefois l'inventaire de ses biens, devant Me Devoulges, notaire, n'eut lieu que le 17 avril 1769; il laissait une veuve, Marie-Louise-Victoire Le Guay, et deux enfants mineurs, Jean et Jean-Baptiste[2].

Règlement d'armoiries pour Pierre Outrequin.

Règlement d'armoiries par Louis-Pierre d'Hozier, juge d'armes de France, pour Pierre Outrequin, anobli par lettres données à Versailles au mois de mai 1761. Paris, 25 mai 1761.

Un écu *d'argent à 5 loutres de sable, posées* 2, 2 *et* 1. Cet écu timbré d'un casque de profil, orné de ses lambrequins d'argent et de sable.

(Bibl. nat., Nouv. d'Hozier, dossier Outrequin, fol. 2; minute signée.)

XXXIV

Aubry (Claude Guillot-)
(Octobre 1761)

Fils d'Hilaire Guillot et de Marie Curel, Claude Guillot, connu sous le nom d'Aubry, naquit à Chevillon, le 16 février 1703[3]. Il fut anobli par lettres du mois d'octobre 1761 et nommé chevalier de Saint-Michel en 1763. Il était architecte du Roi et inspecteur général du pavé de Paris, fonctions qu'il remplit de 1753 à sa mort et dans lesquelles il avait remplacé Bayeux le jeune et eut pour successeur de Chezy[4]. Dans cette charge, il devait être le

---

[1] Guiffrey, *Artistes anoblis*, I, p. 28, n° XIV.
[2] Marquis de Granges de Surgères, *Artistes français des dix-septième et dix-huitième siècles. Extraits des comptes des États de Bretagne*, p. 158-159, n° 297. — Cf., sur la famille Outrequin, Carré de Busserolle, *Calendrier de la noblesse de la Touraine, de l'Anjou, du Maine et du Poitou*, année 1868, p. 445-447. D'après cet auteur, Outrequin aurait reçu de Louis XV le cordon de Saint-Michel, et un autre membre de la même famille, Jean Outrequin de la Bouillonnière, aurait également rempli la charge de directeur des embellissements de la ville de Paris.
[3] Chevillon, chef-lieu de canton, arrond. de Vassy (Haute-Marne). Voir ci-dessous l'extrait de son acte de baptême.
[4] *Almanachs royaux*. Il paraît y avoir eu pendant un certain temps deux inspecteurs des pavés : Bayeux le jeune, qui devint inspecteur général des Ponts et

chef d'Outrequin, dont il vient d'être question ; ce dernier fut en effet adjudicataire de l'entretien du pavé de Paris pour neuf ans à commencer du 1ᵉʳ janvier 1756 [1]. Aubry était également membre de l'Académie d'Architecture (depuis 1737) et contrôleur des Bâtiments des domaines du Roi et de l'Hôtel des Monnaies de Paris. Il décéda en septembre 1771 et les scellés furent apposés à son domicile le 9 de ce mois par le commissaire Rolland [2].

Preuves de Cl. Guillot-Aubry pour l'ordre de Saint-Michel.

Extrait des titres produits par Claude Guillot-Aubry, écuier, l'un des architectes de la première classe de l'Académie royale, controlleur des Bâtiments des domaines de Sa Majesté et de l'Hôtel des Monnoyes de sa bonne ville de Paris, et inspecteur général du pavé de la même ville et des fauxbourgs et banlieue d'icelle, nommé par le Roy chevalier de son ordre de Saint-Michel, pour les preuves de sa noblesse et de ses âge et religion.

Devant haut et puissant seigneur Messire Louis, comte de Mailly, seigneur de la Borde, capitaine-lieutenant des gendarmes écossois de la garde du Roy, lieutenant général de ses armées, premier écuyer de Madame la Dauphine, chevalier-commandeur des Ordres de Sa Majesté, commissaire nommé pour la vérification de ces preuves par lettres patentes du 18 mai 1763.

Lettres patentes du Roy, chef et souverain grand maître des ordres de Saint-Michel et du Saint-Esprit, adressées à son très cher et bien amé cousin le duc de Brissac, pair et grand pannetier de France, lieutenant général des armées de Sa Majesté, et à son cher et bien amé le comte de Mailly, aussi lieutenant général de ses armées, premier écuyer de sa très chère fille la Dauphine, chevaliers-commandeurs de ses Ordres et commissaires des mêmes Ordres pour la présente année, l'un en l'absence ou au deffaut de l'autre, et aux commissaires de l'ordre du Saint-Esprit pour l'année suivante, portant que, si c'est un principe gravé dans le cœur de tout sujet vertueux que le premier devoir, qu'il a contracté par sa naissance, est celui de consacrer sa vie et ses talents au service de son Prince et à l'utilité de sa Patrie, il est de la grandeur comme de l'équité du Sou-

---

Chaussées, et Guillot-Aubry. Bayeux le jeune était probablement fils ou parent de l'inspecteur général des Ponts et Chaussées, Mathieu Bayeux (cf. ci-dessus, nᵒ XXIV).

[1] GUIFFREY, *Artistes anoblis*, I, p. 28, nᵒ XIV.

[2] Scellés aujourd'hui perdus, mentionnés dans GUIFFREY, *Scellés et inventaire d'artistes*, troisième partie, p. 297.

verain de mettre en honneur des sentiments si recommendables, de les entretenir par tout ce que l'émulation a de pouvoir sur le cœur et sur l'esprit, et que Sa Majesté a toujours décerné aux actions, qui partent de ces sentiments, des récompenses qui sont autant de preuves de son attention à proportionner ses grâces au degré du mérite ; que les témoignages avantageux qui Lui ont été rendus de la personne et de la réputation de son cher et bien amé Claude Guillot-Aubry, l'un des architectes de la première classe de son Académie, controlleur des Bâtiments de son domaine et de l'Hôtel des Monnoyes de sa bonne ville de Paris, et inspecteur général du pavé de la même ville et des fauxbourgs et banlieue d'icelle, la connoissance qu'Elle a de ses services et de ses talents L'ont portée à lui donner une marque de sa bienveillance en lui accordant, au mois d'octobre de l'année 1761, des lettres d'annoblissement, mais que, comme la distinction qu'Elle fait du mérite personnel dudit Sr Aubry seroit peut-être moins connue par sesdites lettres qu'elle ne le seroit par une décoration extérieure, qui annonçât plus autentiquement sa justice dans la dispensation de ses grâces, Elle a encore résolu de l'honorer de son ordre de Saint-Michel et de le dispenser de la preuve de deux races d'extraction de noblesse, qu'il seroit obligé de faire au terme de l'article IV des statuts dudit ordre du 12 janvier 1665. A ces causes, Sa Majesté les a commis pour examiner, sur le rapport du Sr de Beaujon, son avocat général, conseiller honoraire de sa Cour des Aydes de Guyenne, généalogiste de ses Ordres, les titres qui lui auront été remis par ledit Sr Aubry, tant de son âge, religion catholique, apostolique et Romaine, que de son annoblissement en sa personne seulement, et que, s'ils les trouvent suffisants pour être admis, ils en signeront le procès-verbal, avec ledit Sr de Beaujon, et le scelleront du cachet de leurs armes et ils indiqueront audit Sr Aubry le jour auquel ils recevront de lui le serment en tel cas requis et lui donneront la croix dudit ordre, en observant ce qui est porté par l'instruction qui leur est adressée à ce sujet. Ces lettres données à Versailles, le 18 may 1763, signées : Louis, et plus bas : Par le Roy, chef et souverain grand maître des ordres de Saint-Michel et du Saint-Esprit, Poisson ; à costé : Visa Phelypeaux, et scellées des grand sceau et contre-sceau de l'ordre de Saint-Michel en cire blanche.

Instruction du Roy à M^{rs} les duc de Brissac, pair de France, et comte de Mailly, chevaliers-commandeurs de ses Ordres et commissaires des mêmes Ordres pour la présente année, l'un en l'absence ou au deffaut de l'autre, et à M^{rs} les commissaires de l'ordre du Saint-Esprit pour l'année suivante, sur ce qu'ils auront à faire pour l'examen des preuves du Sr Claude Guillot-Aubry, nommé à l'ordre de Saint-Michel, et pour sa réception dans ledit ordre, portant que, si l'un d'eux les trouve suffisantes, suivant leur commission à ce sujet, il en signera le procès-verbal, avec le Sr de Beaujon, son avocat général, conseiller honoraire de sa Cour des Aydes de Guyenne, généalogiste des Ordres, qui lui en aura fait rapport, déclarera audit Sr Aubry que son association dans l'ordre se fera à la plus prochaine assemblée des chevaliers du même ordre de Saint-Michel, qui se tiendra suivant l'usage dans la grand couvent des Cordeliers de Paris, et qu'il ait attention de s'y trouver; que, ce temps avenu, il lui fera prester le serment, qui lui aura été présenté par l'huissier desdits Ordres; ensuite, aidé du héraut des mêmes Ordres, il lui passera le cordon noir et la croix de l'ordre de Saint-Michel, etc., et que le serment et les deux procès-verbaux des preuves de noblesse, avec l'acte de réception, seront remis, celui en parchemin au Sr marquis de Marigny, commandeur-secrétaire desdits Ordres, et celui en papier audit Sr de Beaujon. Cette instruction datée de Versailles, le 18 may 1763, signée : Louis, et plus bas : Poisson.

Lettre du Roy à M. le comte de Mailly...

Lettre du Roy à M. Aubry...

Lettres patentes d'annoblissement accordées par le Roy à son cher et bien amé le Sr Claude Guillot-Aubry, l'un des architectes de Sa Majesté, membre de son Académie royale, controlleur des Bâtiments dépendants de ses domaines et de ceux de son Hôtel des Monnoyes, inspecteur général du pavé des ville, fauxbourgs et banlieue de la capitale de son Royaume, pour lui, ses enfants, postérité et descendans mâles et femelles, nés et à naître en légitime mariage, portant qu'entre les différentes grâces auxquelles un sujet peut aspirer par son mérite, il n'en est point de plus précieuse que celles qui, l'élevant à l'état de noblesse, assurent à tous ses descendants le fruit du bienfait, dont leur auteur s'est rendu digne ; que Sa Majesté, dans les principes qu'Elle s'est imposés pour la juste distribution des grâces, a toujours réservé celle de l'annoblissement pour être la récompense, ou de services importants rendus à l'Estat, ou de talents distingués auxquels la Patrie est redevable de découvertes dont l'utilité est reconnue ; que c'est par des talents de cette espèce que ledit Sr Aubry s'est rendu recommendable à ses yeux, par les différents plans et projets qu'il Lui a proposés tendants à la décoration de ses maisons, et par les épargnes considérables qu'il Lui a faites par ses lumières pour l'entretien des différents édifices qui sont à la charge de son domaine ; qu'il s'est livré à cette étude dès sa plus tendre jeunesse et que son zèle, ses soins infatigables et son application ont été suivis des succès les plus propres à lui mériter une marque signalée de bienveillance ; qu'occupé seulement de l'avantage qui devoit résulter de ses différents projets et édifices, et son désintéressement qu'il a toujours marqué à Sa Majesté ne pouvant lui laisser désirer de récompenses, que celles qui sont uniquement honorifiques, la pureté de ses sentiments lui a paru d'autant plus digne de recevoir un prix de cette espèce; et que d'ailleurs Elle a été informée qu'il sort d'une famille de Champagne, depuis longtemps honorée et distinguée de cette province; avec faculté de porter pour armes *de gueules à une pyramide d'argent, maçonnée de sable, posée sur une terrasse de sinople mouvante de la pointe de l'écu, et accostée vers la cime de 2 abeilles d'or*. Ces lettres dattées de Fontainebleau, au mois d'octobre 1761, signées : Louis, sur le reply : Par le Roy, Phelypeaux, à costé : Visa Berryer, et scellées sur lacs de soye rouge et verte du grand sceau en cire verte; enregistrées au Parlement de Paris, le 6 septembre 1762, signé. Du Franc et insinuées à Paris, le 11 du même mois, signé : Larbel[1].

Extrait des registres des mariages, baptêmes et sépultures de l'église paroissiale de Chevillon, au diocèse de Châlons en Champagne, portant que Claude Guillot, fils de Hilaire Guillot et de Marie Curel, sa femme, né le 16 février 1703, y fut baptisé le 18 du même mois, délivré par le curé de ladite paroisse, le 19 décembre 1723, signé : B. Gauthier. Auquel est joint le :

Certificat du prêtre desservant de l'église de Saint-Nicolas-des-Champs à Paris portant que M₍ Claude Guillot-Aubry, son paroissien, fait profession de la religion catholique, apostolique et Romaine, datté de Paris, le 1ᵉʳ septembre 1763, signé... (*sic*).

Nous... (*sic*).

(Bibl. nat., fr. 32692, anciennement Cabinet des titres n° 1127, fol. 6-8; minute non signée.)

XXXV

Mique (Richard)
(16 novembre 1761 et 29 avril 1764)

De même qu'Em. Héré de Corny (voyez ci-dessus n° XXIII), son prédécesseur comme premier architecte du Roi de Pologne, duc de Lorraine et de Bar, Richard Mique fut anobli par Stanislas (16 novembre 1761), anoblissement qui fut confirmé, en tant que besoin, par lettres de Louis XV du 29 avril 1764. La même année, il fut nommé chevalier de Saint-Michel[2]. De 1763 à 1775, il rem-

---

[1] Une copie de ces lettres faite sur l'original en parchemin se trouve dans le Nouveau d'Hozier, dossier Guillot, fol. 22-23. A la suite, fol. 24, minute signée du règlement d'armoiries par Louis-Pierre d'Hozier (Paris, 31 octobre 1761); l'écu est timbré d'un casque de profil, orné de ses lambrequins d'or, d'azur, d'argent et de sinople.

[2] Les commissaires pour vérifier ses preuves (voir la pièce ci-dessous) furent

plit également les fonctions d'ingénieur en chef des Ponts et Chaussées en Lorraine ; à cette dernière date, il fut remplacé dans cette charge par Le Creulx et nommé premier architecte honoraire du roi de France ; puis, en 1776, intendant général des Bâtiments[1]. Il porte encore ces deux titres dans l'*Almanach royal* de 1792.

R. Mique était né à Nancy le 18 septembre 1728 et avait été baptisé le 19 en l'église Saint-Sébastien[2]. Traduit devant le Tribunal révolutionnaire, il fut exécuté le 8 juillet 1794[3].

Preuves de Richard Mique pour l'ordre de Saint-Michel.

Extrait des titres produits par Richard Mique, écuyer, premier architecte du Roy de Pologne, duc de Lorraine et de Bar, nommé par le Roy chevalier de son ordre de Saint-Michel, pour les preuves de sa noblesse et de ses âge et religion.

Devant... (sic), commissaire député pour la vérification de ces preuves par lettres patentes du 30 janvier 1764.

Lettres patentes du Roy, chef et souverain grand maître des ordres de Saint-Michel et du Saint-Esprit, adressées à son très cher et bien amé cousin le duc d'Aumont, pair de France, lieutenant général de ses armées et l'un des premiers gentilshommes de sa Chambre, et à son très cher et bien amé le marquis de Béthune, aussi lieutenant général de ses armées et colonel général de la cavalerie légère de France, chevaliers-commandeurs de ses Ordres et commissaires des mêmes Ordres pour la présente année, l'un en l'absence et au défaut de l'autre, et aux commissaires de l'ordre du Saint-Esprit pour l'année suivante, portant que, dans l'attention que Sa Majesté a apporté au soutien et progrès des Arts, Elle a toujours accordé un rang particulier à ceux qui, comme l'Architecture, concourent à la satisfaction du Souverain et à l'utilité de l'État et s'est toujours singulièrement attachée dans le cours de son règne à donner des marques distinctives de sa bienveillance aux artistes dont le génie heureux, le zèle et les talens lui ont paru les mériter ; que, bien informé du degré éminent

désignés par lettres patentes du 30 janvier 1764 ; mais, selon Bauchal, Mique aurait été nommé chevalier de Saint-Michel dès le 7 février 1763.

[1] *Almanachs royaux*, chapitres des Bâtiments du Roi et des Ponts et Chaussées.

[2] Voir ci-dessous l'extrait de son baptistaire.

[3] Sur R. Mique et sa famille, dans laquelle on compte plusieurs architectes, voir, outre les *Dictionnaires* de LANCE, BAUCHAL et BELLIER DE LA CHAVIGNERIE, JACQUOT, *Essai de répertoire des artistes lorrains*, troisième partie, dans *Réunion des Sociétés des Beaux-Arts des départements*, t. XXV, 1901, p. 333-335. Cf. également *Bulletin municipal officiel de la ville de Saint-Denis*, 5 décembre 1895.

dans lequel son cher et bien amé Richard Mique rassemble les qualités qui caractérisent l'artiste célèbre, le sujet fidèle et le citoyen vertueux, Elle a déjà vu avec plaisir le choix que son très cher et très amé bon frère et beau-père le Roy de Pologne (duc de Lorraine et de Bar) a fait de lui pour remplir la place de son premier architecte, et la récompense honorable qu'il a bien voulu accorder à ses services, en lui donnant des lettres d'annoblissement; que Sa Majesté, persuadée qu'Elle ne peut faire rien de plus agréable à son très cher et très amé bon frère et beau-père que de distinguer un sujet qu'il a distingué lui-même, a résolu d'associer ledit Sr Mique à son ordre de Saint-Michel, en le dispensant de la preuve de deux races d'extraction de noblesse qu'il seroit obligé de faire aux termes de l'article IV des statuts dudit ordre du 12 janvier 1665. A ces causes, Elle les a commis pour examiner, sur le rapport du sieur de Beaujon, avocat général, conseiller honoraire de la Cour des Aydes de Guyenne, généalogiste de sesdits Ordres, les titres qui lui auront été remis par ledit Sr Mique, tant de son âge, religion catholique, apostolique et Romaine, que de son annoblissement en sa personne seulement, et que, s'ils les trouvent suffisans pour être admis, ils en signeront le procès-verbal, avec ledit Sr de Beaujon, et le scelleront du cachet de leurs armes et ils indiqueront audit Sr Mique le jour auquel ils recevront de lui le serment en tel cas requis et lui donneront la croix dudit ordre, en observant ce qui est porté dans l'instruction qui leur est adressée à cet effet. Ces lettres données à Versailles, le 30 janvier 1764, signées : Louis, et plus bas : Par le Roy, chef et souverain grand maître des ordres de Saint-Michel et du Saint-Esprit, Poisson; à côté : Visa Phelypeaux, et scellées du grand sceau et contre-sceau de l'ordre de Saint-Michel en cire blanche.

Instruction du Roy à Messieurs les duc d'Aumont... et marquis de Béthune...

Lettre du Roy à son cousin le duc d'Aumont...

Lettre du Roy à Mons. Mique...

Lettres patentes d'annoblissement accordées par le Roy de Pologne, duc de Lorraine et de Bar, à son amé Richard Mique, pour lui, ses enfans, postérité et descendants mâles et femelles, nés et à naître en légitime mariage, portant que, les rois et les souverains étant accoutumés de récompenser par des titres d'honneur les personnes qui s'attachent à leur service et s'y distinguent par leur zèle, fidélité et affection, dans les différents emplois qu'ils occupent près d'eux, soit dans l'exercice des armes, de la robe ou des arts, et Sa Majesté ayant considéré ceux que ledit Sr Mique lui a rendus et continue de Lui rendre en qualité de premier architecte de ses Bâtimens, jardins, parcs et jets d'eaux, dans laquelle il ne cesse de Lui donner journellement des preuves de sa capacité, de ses rares talents, vertu, probité et bonne conduite, par son application continuelle aux grands ouvrages auxquels il s'occupe pour son service, et voulant lui donner des marques distinguées de sa satisfaction, Elle a résolu de le décorer dudit titre de noblesse, qu'il se trouve d'ailleurs en état de soutenir avec distinction par la fortune dont il est favorisé, jouissant même déjà des droits et privilèges qui y sont attachés par son état, avec faculté de porter pour armes : *d'azur à la croix d'argent, cantonnée de 4 abeilles d'or.* Ces lettres datées de Lunéville, le 16 novembre 1761, signées : Stanislas Roy, et sur le repli : Par le Roy, Menault Diebesci, à côté : Registrata Guire, et scellées sur lacs d'or et de soye noire du grand sceau de Sa Majesté en cire jaune; enregistrées, le 24 décembre de la même année, au Parlement de Nancy, signé : Balthazar, et en Chambre des Comptes de Lorraine, le 23 dudit mois de décembre, signé : J. Frimont. Auxquelles sont jointes d'

Autres lettres patentes du Roy par lesquelles Sa Majesté confirme, en tant que besoin, lesdites lettres d'annoblissement accordées par son très cher et très amé frère et beau-père le Roy de Pologne... Ces lettres dattées de Versailles, le 29 avril 1764, signées : Louis, et sur le repli : Par le Roy, le duc de Choiseul, et scellées.

Extrait du registre des baptêmes de la paroisse de Saint-Sébastien de Nancy, au diocèse de Toul, portant que Richard, fils du S. Simon Mique, entrepreneur, et de D^{lle} Barbe Michel, sa femme, né le 18 septembre 1728, y fut baptisé le lendemain, délivré le 8 may 1759, par le curé de ladite paroisse, signé : Michelet, et légalisé. Auquel est joint le :

Certificat du curé de Lunéville, comme M. Richard Mique, premier architecte du Roy de Pologne, duc de Lorraine et de Bar, fait profession de la religion catholique, apostolique et Romaine, et en remplit les devoirs, datté de Lunéville, le 21 avril 1764, signé : Le Roy, et légalisé. Nous... (*sic*).

(Bibl. nat., franç. 32962, anciennement Cabinet des titres n° 1127, fol. 228-230; minute non signée.)

XXXVI

Perronnet (Jean-Rodolphe)

(Mars 1763)

Perronnet ou Péronnet, ingénieur en chef à Alençon, puis inspecteur général des Ponts et Chaussées et directeur du bureau des plans et des élèves pour les emplois d'ingénieur, succéda en 1763 à Hippeau comme premier ingénieur. Il était né à Suresnes le 8 octobre 1708 et décéda à Paris le 20 février 1794. Il fut anobli au mois de mars 1763, comme l'apprend le règlement d'armoiries fait par L.-P. d'Hozier; mais on n'a pas retrouvé ses lettres patentes d'anoblissement. La même année, il reçut le cordon de Saint-Michel. Il était membre de l'Académie royale d'Architecture depuis 1757 et fut admis dans l'Académie royale des Sciences comme Associé libre en 1765.

Règlement d'armoiries pour Jean-Rodolphe Perronet.

Règlement d'armoiries par Louis-Pierre d'Hozier, juge d'armes de la noblesse de France, pour Jean-Rodolphe Perronet, premier ingénieur des Ponts et Chaussées, l'un des architectes du Roi, membre de l'Académie royale d'Architecture, associé de celle des Sciences, Arts et Belles-Lettres de Lyon, de la Société royale des Sciences, Arts et Belles-Lettres de Metz et de celle de Soissons pour l'Agriculture, anobli par lettres données à Versailles, au mois de mars 1763, signées : Louis, et sur le repli : Par le Roy, Phelypeaux. Paris, 28 mars 1763.

Un écu d'azur à un pont d'une arche d'argent, maçonné de sable et posé sur une terrasse de sinople, et un chef d'or, chargé d'un compas de gueules ouvert en pal les pointes en bas. Cet écu timbré d'un casque de profil, orné de ses lambrequins d'azur, d'or, de gueules, d'argent, de sinople et de sable.

(Bibl. nat., Nouv. d'Hozier, dossier Perronet, fol. 2 ; minute signée.)

XXXVII

Berthier (Jean-Baptiste)
(Juillet 1763)

Ingénieur et architecte, Berthier naquit à Tonnerre le 6 janvier 1721 et mourut le 22 mai 1804; il fut le père du prince de Wagram. Il était ingénieur-géographe en chef des armées du Roi, quand il fut anobli en juillet 1763 et reçut en la même année le cordon de Saint-Michel. Les lettres qui suivent énumèrent ses travaux et notamment la construction des hôtels des départements de la Guerre, de la Marine et des Affaires étrangères à Versailles[1]. Il est qualifié gouverneur de ces hôtels dans les listes des membres de l'ordre de Saint-Michel[2]; mais, à partir de

---
[1] Cf. Leroy, *les Rues de Versailles.*
[2] *Almanachs royaux.*

l'*Almanach royal* de 1774, on ne trouve plus à la suite de son nom le titre d'ingénieur-géographe en chef des armées. C'est lui qui dirigea le levé commencé en 1764 de la *Carte des chasses du Roi*[1]. Vraisemblablement il appartenait à une famille de géographes, car M. Guiffrey a signalé[2] un Jean Berthier, « ingénieur ordinaire du Roi pour l'entretien des plans et reliefs », décédé le 18 avril 1710, laissant une veuve Marguerite Mignard et une fille unique Perrette, mariée à Pierre Chastelain, ingénieur. Peut-être s'agit-il d'un grand-oncle de Jean-Baptiste?

Lettres de noblesse pour Jean-Baptiste Berthier.

Louis... Quelque faveur que méritent les connoissances et les talents, il n'appartient qu'au véritable zèle, dont l'unique objet est de les consacrer au Souverain et à la Patrie, de leur acquérir ce degré de considération qui réclame de notre munificence des récompenses d'un genre distingué.

C'est à ce titre que nous nous proposons d'élever à la noblesse notre cher et bien amé Jean-Baptiste Berthier, capitaine réformé à la suite du régiment de Royal-Comtois. Appliqué dès ses premières années aux études qui forment l'ingénieur-géographe, il n'a cessé d'envisager son admission à notre service en cette qualité que comme un moyen de saisir toutes les occasions qui se présenteroient de signaler son dévoûment. Ainsi, quoiqu'il se soit toujours acquitté des obligations de son état avec une exactitude qui l'a rendu digne et du grade d'ingénieur-géographe en chef des camps et marches de nos armées, dont nous l'avons honoré, et de la confiance tant du feu duc de Belleisle, pair et maréchal de France, que de notre très cher et bien amé cousin le duc de Choiseul, pair de France, successivement secrétaires d'État ayant le département de la Guerre, il n'a pas cru que son zèle dut se renfermer dans les bornes de la carrière qui lui était destinée, il ne balança pas, le 13 septembre 1751, à exposer sa vie pour arrêter le progrès d'un incendie qui menaçoit nos grandes écuries de Versailles d'une consommation totale et les dangers qu'il courut n'ayant rien pris, ni sur la présence d'esprit, ni sur l'activité qu'une pareille opération exigeoit, elle eut tout le succès qu'on en pouvoit attendre. Il n'a pas moins bien justifié le choix que nous avons fait de lui, lorsqu'après avoir résolu de faire bâtir à Versailles, lieu de notre résidence ordinaire, des hôtels capables de réunir les bureaux attachés aux départements de la Guerre,

---

[1] Cf. E. MAREUSE, *la Carte des chasses du roi*, dans *Correspondance historique et archéologique*, 1898, p. 369-370.

[2] *Scellés et inventaires d'artistes*, première partie (1883), p. 223-225, n° XXXIX.

— 73 —

de la Marine et des Affaires étrangères, nous l'avons chargé de la construction de ces édifices. Nous avons reconnu par nous-même que ses soins avoient parfaitement rempli ce que nous nous étions promis, soit du côté de la promptitude de l'exécution, soit du côté de la décence et de la commodité que demandoient des établissements importants par la nature des affaires qui s'y traitent et désirés depuis longtemps du public, soit enfin du côté des mesures prises pour y maintenir avec ces avantages l'ordre le plus exact. Tels sont les motifs qui nous invitent à lui décerner le prix le plus flatteur que le mérite puisse espérer d'un monarque attentif à le récompenser et qui, transmissible à la postérité du Sr Berthier, y perpétue les sentiments qui l'animent.

Savoir fesons que, par ces causes et autres à ce nous mouvant, de l'avis de notre Conseil... nous avons annobli et annoblissons ledit Sr Jean-Baptiste Berthier...

Donné à Compiègne, au mois de juillet de l'an de grâce mil sept cent soixante-trois et de notre règne le quarante-huitième. Signé : Louis, et sur le repli : Par le Roy, le duc de Choiseul.

(Bibl. nat., Nouv. d'Hozier, dossier Berthier, fol. 104 et 105; copie faite sur l'original en parchemin.)

Règlement d'armoiries.

Règlement d'armoiries par Louis-Pierre d'Hozier, juge d'armes de France, pour Jean-Baptiste Berthier. Paris, 16 août 1763.

Un écu *d'azur à deux épées d'argent, garnies d'or, passées en sautoir, les pointes en haut, et accompagnées d'un soleil de même en chef et de trois cœurs aussi d'or, enflammés de gueules et posées deux aux flancs de l'écu et l'autre à la pointe.* Cet écu timbré d'un casque de profil, orné de ses lambrequins d'or, d'azur, d'argent et de gueules [1].

Ibidem, fol. 106; minute signée.)

XXXVIII

La Guépierre (Philippe de)
(8 mai 1769)

Cet architecte passa une grande partie de son existence hors de France. Dussieux, Lance, Bauchal et Bellier de la Chavignerie lui

[1] Voir dans Simon, *Armorial de l'Empire;* dans Borel d'Hauterive et le vicomte Révérend, *Annuaire de la Noblesse*, 1843, p. 211 et 1892, p. 148, et dans le vicomte Révérend, *Armorial du Premier Empire*, t. I (1894), p. 84-86, les armes que la famille Berthier reçut de Napoléon Ier.

ont consacré des notices qui n'apprennent ni le lieu ni la date de sa naissance, non plus que de sa mort. Il fut autorisé par le Roi à résider à Stuttgard, où il remplit pendant dix-sept ans la place de Grand directeur des Bâtiments du duc de Wurtemberg et où il éleva plusieurs monuments, notamment une salle pour l'Opéra. François I*er*, empereur d'Allemagne, pour lequel il travailla, lui conféra le titre de baron du Saint-Empire Romain. En 1769, il fut reçu dans l'ordre de Saint-Michel et son éloge fut prononcé au chapitre tenu le 8 mai [1].

La Guépierre fut correspondant de l'Académie royale d'Architecture [2]. Dans les listes des membres de l'ordre de Saint-Michel publiées par l'*Almanach royal*, son adresse est ainsi indiquée : rue Saint-Thomas-Saint-Michel (1770), rue de Belfond à la Nouvelle-France (1771-1773). Il dut mourir en cette dernière année, car son nom ne se trouve plus en 1774 et, dans un exemplaire de l'*Almanach* de 1773 conservé à la Bibliothèque nationale, on lit la mention manuscrite *mort en* 1773.

XXXIX

CLAIRAIN DES LAURIERS (FRANÇOIS-GUILLAUME)
(13 août 1765)

Cet ingénieur, auquel P. Levot a consacré un article dans la *Nouvelle Biographie générale* de Didot et Hoefer, naquit à Rochefort le 13 février 1722. Les lettres de noblesse, qui lui furent accordées le 13 août 1765, retracent sa brillante carrière, et l'article de Levot cite quelques mémoires qu'il a publiés sur des questions de construction maritime. Il avait été nommé ingénieur en chef de la Marine à Rochefort, lors de la première organisation, à compter du 1*er* avril 1765. Fait chevalier de Saint-Michel, il fut reçu dans le chapitre du 8 mai 1769 et nous avons publié en 1900 son éloge prononcé en cette solennité par le secrétaire de

---

[1] Voyez ce texte dans nos *Documents concernant quelques artistes membres de l'ordre de Saint-Michel* (Réunion des Sociétés des Beaux-Arts, t. XXIV, 1900, p. 468-470, n° VII). C'est à cette source que sont empruntés les renseignements qui précèdent.

[2] *Almanachs royaux*, chapitre de l'Académie d'Architecture; les *Almanachs* de 1772 et 1773 le qualifient ancien correspondant.

l'ordre[1]. Son nom se trouve encore sur la liste des chevaliers de Saint-Michel que donne l'*Almanach royal* de 1788 (p. 205), et cependant Levot dit qu'il décéda à Rochefort le 10 octobre 1780. Cette dernière date est exacte, comme il résulte de l'acte de sépulture suivant, dont nous devons la copie à la grande obligeance de M. le Docteur L. Ardouin, conservateur des Archives municipales de Rochefort :

« François-Guillaume Clairain-Deslauriers, chevalier de l'Ordre du Roy, ingénieur-constructeur en chef de la Marine, époux de dame Marie-Perrine Rivoal, âgé de soixante-deux ans (*sic*), décédé le dix octobre mil sept cents quatre-vingt, a été inhumé le lendemain par moi soussigné, prêtre de la Mission faisant les fonctions curiales en cette paroisse, en présence de René d'Aubigeou et Jean Le Beÿ qui ont signé. (*Signé* :) Daubigeou, J. Le Beÿ; Willin, prêtre[2]. »

Lettres de noblesse pour François-Guillaume Clairain des Lauriers.

Louis... Considérant que l'un des points les plus importants, que nous avons à observer pour la splendeur et l'entretien de nos forces navales, est de perfectionner de plus en plus l'art de la construction de nos vaisseaux, nous apportons une attention particulière à répandre des lumières dans la pratique de cet art et à donner des marques de notre bienveillance et de notre satisfaction à ceux qui s'y distinguent. Nous sommes informés que notre ami et féal François-Guillaume Clairain des Lauriers, ingénieur-constructeur en chef de notre Marine à Rochefort, mérite par ses talens et les services qu'il nous a rendus jusques à présent de ressentir particulièrement les effets des dispositions où nous sommes à cet égard. Il s'appliqua dès sa jeunesse à l'étude des sciences qui font la base de cet art; nous fîmes cultiver les talents que nous aperçûmes en lui et nous ne tardâmes pas à en recueillir les fruits par les divers ouvrages qu'il exécuta, depuis mil sept cents quarante-deux jusqu'à mil sept cent quarante-six, n'étant encore que sous-constructeur à Brest, où il cons-

---

[1] *Réunion des Sociétés des Beaux-Arts*, 1900, t. XXIV, p. 470-471, n° VII. (*Documents concernant quelques artistes membres de l'ordre de Saint-Michel.*) Cet éloge ne fait que reproduire, sous une autre forme, le texte des lettres de noblesse de 1765.

[2] M. Ardouin a eu également l'amabilité de nous signaler une notice sur Clairain des Lauriers dans l'ouvrage suivant : VILLARET, *Notions historiques sur le service des constructions navales dans les ports maritimes* (Paris, Chapelot, 1902, in-8°).

truisit plusieurs vaisseaux, frégates et autres bâtiments de guerre. La satisfaction que nous eûmes du développement de ses connaissances dans ces divers ouvrages nous porta, en mil sept cent quarante-sept, à le faire constructeur de nos vaisseaux, et, en mil sept cent quarante-huit, nous le fîmes passer à Rochefort, ayant en vue de le charger de la direction de toutes les constructions et radoubs en ce port; il y augmenta la réputation qu'il s'étoit déjà acquise et nous donna de nouvelles preuves de sa capacité dans la construction de plusieurs vaisseaux de quatre-vingt, de soixante et quatorze et de soixante et quatre canons et de diverses frégates, ainsi que dans la refonte de plusieurs vaisseaux. Nous le chargeâmes aussi, en différents tems, de diverses missions importantes dont il s'acquita toujours à notre contentement, et, en mil sept cent soixante-deux, nous crûmes ne pouvoir faire un meilleur choix que de lui pour construire le vaisseau de quatre-vingt-dix canons en trois ponts, qui nous avoit été offert par notre bonne ville de Paris, et qui porte son nom. Il développa avec le plus grand succès dans cette construction le sistême qu'il avoit conçu et exposé depuis plusieurs années, pour réunir, dans un vaisseau à trois ponts, les avantages si difficiles à concilier de la stabilité avec l'élévation de la batterie et avec une marche supérieure et des mouvements doux et faciles, et ce vaisseau, éprouvé en mer, a montré toutes ces qualités réunies. Toutes ces preuves multipliées de ses talens et de son expérience, son zèle et sa bonne et sage conduite, ainsi que les soins qu'il a pris en tous tems pour former des sujets utiles, nous ont déterminé, au mois d'avril de cet année, à le faire ingénieur-constructeur en chef de notre Marine à Rochefort; mais nous voulons luy donner encore des marques plus étendues de notre bienveillance et perpétuer la satisfaction que nous avons de luy.

A ces causes, nous avons... annobly et... annoblissons ledit S. François-Guillaume Clairain des Lauriers...

Donné à Versailles, le treizième jour d'août de l'an de grâce mil sept cent soixante-cinq et de notre règne le cinquante-unième. Signé : Louis; et plus bas : Par le Roy, le duc de Choiseul.

(Bibl. nat., Nouv. d'Hozier, dossier Clairain, fol. 2 et 3; copie sur l'original en parchemin.)

Règlement d'armoiries.

Règlement d'armoiries par Louis-Pierre d'Hozier pour F.-G. Clairain des Lauriers. Paris, 19 octobre 1765.

Un écu d'azur à un navire d'or, ayant ses voiles d'argent et voguant sur une mer de sinople. Cet écu timbré d'un casque de profil, orné de ses lambrequins d'or, d'azur, d'argent et de sinople.

(*Ibidem*, fol. 4; minute signée.)

XL

Le Gendre

(1767)

Après avoir été ingénieur des Ponts et Chaussées de la généralité de Reims, où il fit de nombreux travaux [1], Le Gendre succéda en 1763 comme inspecteur général des Ponts et Chaussées à Perronnet devenu premier ingénieur. Il remplit ces fonctions jusqu'en 1770, date où il fut remplacé par de Voglie. En 1767, il avait été reçu dans l'ordre de Saint-Michel ; les listes des membres le qualifient : « M. Le Gendre, ingénieur, inspecteur général des Ponts-et-Chaussées du Royaume, rue Clogeorgeot [2]. » Il paraît être mort en 1770, car son nom n'est plus sur la liste donnée par l'*Almanach royal* de 1771 [3].

XLI

Jardin (Nicolas-Henry)

(Décembre 1768)

Jardin naquit à Saint-Germain-des-Noyers [4], le 22 mars 1720 [5]. Il obtint en 1754 la permission de se rendre en Danemark [6], où il était appelé sur les conseils du sculpteur français Saly, que nous retrouverons dans la seconde partie de cette étude.

---

[1] Cf. Bauchal, p. 351, qui indique plusieurs de ces travaux.

[2] *Almanachs royaux*, chapitres concernant l'ordre de Saint-Michel et les Ponts et Chaussées.

[3] Toutefois ces listes n'étaient pas tenues à jour très régulièrement, comme on a pu le voir à l'article précédent consacré à Clairain des Lauriers.

[4] Ancienne paroisse réunie aujourd'hui à la commune de Bussy-Saint-Martin, canton de Lagny, arrondissement de Meaux (Seine-et-Marne).

[5] Lance (1872), qui a publié l'acte de baptême, donne la date de 1720, ainsi que Bauchal (1887) ; Dussieux (troisième édition, 1876), et Bellier de la Chavignerie (1882), celle de 1728. Notre confrère M. Hugues, archiviste de Seine-et-Marne, a bien voulu faire les vérifications nécessaires : Jardin naquit le 22 mars 1720, en la paroisse de Saint-Germain-des-Noyers, et y fut baptisé le 24.

[6] M. Guiffrey a publié la permission qui lui fut accordée le 28 janvier 1761 ; elle renouvelait une permission antérieure du 10 décembre 1754. (*Congés accordés à des artistes pour travailler à l'étranger*, dans *Nouvelles Archives de l'art français*, 1878, p. 35, n° XXXVIII.)

Il y remplit les fonctions d'intendant des Bâtiments et de premier architecte. Ses lettres de noblesse, du mois de décembre 1768, ont été publiées par M. Guiffrey [1] ; elles relatent sa carrière et ses travaux jusqu'à cette date. Il fut nommé chevalier de Saint-Michel en 1769 et son éloge se lit dans le procès-verbal du chapitre du 8 mai [2].

Membre correspondant de l'Académie royale d'Architecture de Paris, Jardin en devint membre titulaire, en 1771, après son retour en France. Louis XVI le nomma, en 1776, architecte ordinaire du Roi et il remplissait encore ces fonctions, en 1792 ; il demeurait rue du Doyenné-Saint-Louis-du-Louvre [3]. Il mourut à Paris le 31 août 1799 (14 fructidor an VII) [4].

Règlement d'armoiries pour Nicolas-Henry Jardin.

Règlement d'armoiries par Antoine-Marie d'Hozier de Sérigny, juge d'armes de la noblesse de France, pour Nicolas-Henry Jardin. Paris, 27 janvier 1769.

Un écu *de gueules à une colonne d'argent en pal, accompagnée à droite* (sic) *de trois lys d'argent, tigés et feuillés de sinople, posés deux et un, et à gauche* (sic) *de trois têtes de lion d'or, posées l'une au-dessus de l'autre, et un chef d'azur chargé de deux soleils d'or, mouvants des deux angles du haut au chef. Cet écu timbré d'un casque de profil, orné de ses lambrequins d'azur, d'or, de gueules, d'argent et de sinople.*

(Bibl. nat., Nouv. d'Hozier, dossier Jardin, fol. 4 ; minute signée.)

XLII

DESMAISONS (PIERRE)

(Août 1769)

Les lettres de noblesse de cet architecte ont été publiées par M. Guiffrey [5] ; elles nous apprennent que son père avait exercé la

---

[1] *Artistes anoblis*, II, p. 232, n° V. Une copie de ces lettres existe dans le Nouveau d'Hozier, dossier Jardin, fol. 2 et 3.

[2] L. DE GRANDMAISON, *Documents concernant divers artistes membres de l'ordre de Saint-Michel*, dans *Réunion des Sociétés des Beaux-Arts*, t. XXIV, 1900, p. 473, n° IX.

[3] *Almanachs royaux*, chapitres de l'Académie d'architecture et des Bâtiments royaux.

[4] BELLIER DE LA CHAVIGNERIE et AUVRAY, *Dictionnaire*.

[5] *Artistes anoblis*, I, p. 32, n° XVI.

même profession et que lui-même avait pendant vingt-sept ans rempli la charge « d'architecte expert bourgeois » de la ville de Paris. En 1762, il était devenu membre de l'Académie royale d'Architecture; il fut reçu, en 1773, dans l'ordre de Saint-Michel [1]. On ignore la date de son décès, mais son nom se trouve encore sur la liste des membres de l'Académie d'Architecture que donne l'*Almanach national* de 1793 (p. 325); par ailleurs, on sait qu'il était mort avant le 18 octobre 1802 (26 vendémiaire an XI) [2].

Règlement d'armoiries pour Pierre Des Maisons.

Règlement d'armoiries par Antoine-Marie d'Hozier de Sérigny pour le S. Pierre Des Maisons, l'un des membres de l'Académie royale d'Architecture, en conséquence des lettres de son anoblissement du mois d'août 1769. Paris, 17 août 1769.

Un écu d'argent à une maison de gueules, flanquée de deux tours de même en forme château et sommée d'un arbre de sinople. Ledit écu timbré d'un casque de profil, orné de ses lambrequins de gueules, d'argent et de sinople.

(Bibl. nat., Nouv. d'Hozier, dossier Maisons, fol. 3; minute signée.)

XLIII

GENDRIER (DYÉ)
(Octobre 1770)

On savait jusqu'à présent peu de chose sur Gendrier; le curieux document publié ici nous fournit de nombreux renseignements. Nous y apprenons notamment qu'il fut baptisé à Saint-Dyé-sur-Loire [3], le 12 décembre 1705, et toute sa carrière y est résumée, jusqu'à l'époque de son anoblissement en octobre 1770; il était, à cette date, inspecteur général des Ponts et Chaussées depuis de longues années. Il fut reçu dans l'ordre de Saint-Michel le 8 mai 1773; peu après, en 1775, il paraît avoir quitté le ser-

---

[1] *Almanachs royaux.*
[2] BAUCHAL. — Voyez dans le Nouveau d'Hozier, dossier Maisons (des), une lettre autographe (1821) de son petit-fils, Adolphe Des Maisons, qui croyait à tort appartenir à la famille Des Maisons de Pallan (Limousin).
[3] Canton de Bracieux, arrond. de Blois (Loir-et-Cher).

vice des Ponts et Chaussées [1]; il se retira alors à Blois, où il décéda. Voici le texte de son acte d'inhumation que M. le Chanoine Porcher, directeur de la *Revue de Loir-et-Cher*, a bien voulu rechercher et copier à notre intention dans les registres de la paroisse Saint-Louis : « L'an 1791, le 17 novembre, le corps de M. Dié Gendrier, âgé de quatre-vingt-sept ans ou environ, chevalier de l'ordre de Saint-Michel, membre de l'Académie des Sciences, Arts et Belles-Lettres de Lyon, ancien inspecteur général des Ponts et Chaussées, et administrateur de l'Hôpital, a été inhumé dans le cimetière de cette paroisse, en présence de M. Charles-Jean-Mathieu Gendrier, architecte de la commune de Blois, neveu, et de M. Charles-Jacques Gendrier, ingénieur du département de Loir-et-Cher, petit-neveu, et M. Claude Chartier, bourgeois, et de M. Claude Girault-Tesnières, bourgeois, et M. François Simon, ingénieur en chef du département de Loir-et-Cher, qui ont signé avec nous, les jour, mois et an que dessus. (*Signé :*) Cretté, Ch.-J.-M. Gendrier, Charles-Jacques Gendrier, C. Chartier, Girault-Tesnières, Simon, Cretté fils, Blau, Bouvet-Brouville, Riffault, vicaire épiscopal. »

Preuves de Dyé Gendrier pour l'ordre de Saint-Michel.

Extrait des titres produits par Dyé Gendrier, écuyer, inspecteur général des Ponts et Chaussées du Royaume, nommé par le Roi chevalier de son ordre de Saint-Michel, pour les preuves de sa noblesse et de ses âge et religion.

Devant très haut et très puissant seigneur Messire Louis-Antoine de Gontaut de Biron, duc de Biron, pair et maréchal de France, seigneur comte de Lauzun, de Cabrevès et de Roussillon, châtelain de Cuiserie (?), baron de Ruffey et autres lieux, colonel général du régiment des gardes françoises de Sa Majesté, chevalier et commandeur de ses Ordres, commissaire député pour la vérification de ces preuves par lettres patentes du 7 mars 1773.

Armes : *d'azur à un chevron d'or, accompagné de 3 gobelets d'argent, posés 2 en chef et l'autre en pointe.*

Lettres patentes du Roy... adressées à son très cher et bien amé cousin le maréchal-duc de Biron... et à son cher et bien amé le baron de Montmorency... données à Versailles, le 7 mars 1773...

[1] *Almanachs royaux* : Ordre de Saint-Michel et Ponts et Chaussées.

Instruction du Roy à M^{rs} les maréchal-duc de Biron, pair de France et baron de Montmorency...

Lettre du roi à son cousin le maréchal-duc de Biron...

Autre lettre du roi à M. Gendrier, inspecteur général de ses Ponts et Chaussées...

Lettres patentes d'annoblissement accordées par le Roy, au mois d'octobre 1770, à son cher et bien amé le S. Dié Gendrier, inspecteur général de ses Ponts et Chaussées... portant que Sa Majesté, uniquement occupée depuis son avènement au trône des moyens de procurer le bonheur et l'avantage de ses sujets, Elle a porté l'attention la plus particulière à l'établissement, la sûreté, la commodité et la magnificence des grandes routes qui traversent ses Etats et forment entre les villes de son Royaume la communication la plus utile pour le commerce; que, le succès de cette vaste et importante entreprise étant une époque mémorable pour son règne, Elle estime ne pouvoir trop multiplier les témoignages de sa satisfaction en faveur de ceux, dont les travaux, secondés par le génie, ont le plus contribué à remplir ses vues dans cette partie de son administration; que par ce motif, étant informé que ledit Sr Gendrier s'y est particulièrement distingué, depuis plus de 40 ans, par un zèle infatigable et le désintéressement le plus éprouvé, Elle s'est déterminée à l'élever à la noblesse, persuadée que cette grâce, en excitant l'émulation parmi ceux qui suivent la même carrière, pourra faire naître des talens aussi supérieurs que ceux qu'Elle récompense en sa personne; que ledit Sr Gendrier, né d'un père vertueux et recommandable par la considération dont il jouissait dans le païs Blaisois, sa patrie, et qu'il a si bien imité par la candeur et honnesteté de ses mœurs, fit voir, dès sa plus tendre jeunesse, les plus heureuses dispositions pour les mathématiques et le dessin; qu'elles fructifièrent bientôt par les leçons qu'il reçut du Sr Pitron, inspecteur des ouvrages du pont de Blois, sous les yeux duquel il apprit en 1724, les élémens de son arts; que, dès 1730, il en fit les premiers essays dans la place de sous-ingénieur des Ponts et Chaussées de la généralité d'Orléans, passa ensuite en très peu de temps à celles de sous-inspecteur de la généralité de Paris et d'ingénieur en chef de celle de la Rochelle; que cette dernière place le mit à portée de développer les ressources que Sa Majesté espéroit de ses talens, qu'aucune route n'avoit encore été tracée dans cette généralité, que les ponts dépéris par la vétusté s'y écrouloient de tous côtés, que les travaux immenses dudit Sr Gendrier, pendant près de dix-sept années, firent fleurir le commerce dans cette généralité, où il conceut ensuite le projet de six grandes routes, en suivit en partie l'exécution, mit le plus grand ordre dans l'emploi des deniers destinés à ces opérations et forma une multitude de sujets capables de conduire en sous-ordres le travail des communautés [1] ; que Sa Majesté éprouva, en 1753 [2], que la sagesse et la prudence dudit Sr Gendrier égaloient l'étendue de ses connoissances, que chargé par ses ordres, en qualité d'inspecteur général des Ponts et Chaussées, de vérifier le projet d'une route importante à ouvrir dans sa province de Languedoc, il sçut tellement réunir les esprits qu'il surmonta tous les obstacles, qui avoient retardé jusqu'alors l'exécution de ce projet utile ; que son habileté réussit également à faire accéder les différents membres de l'administration d'Avignon à la continuation de la route de Lyon en Provence, par le territoire du Comtat, et porta Sa Majesté à le nommer, en 1766, tiers expert pour l'examen du nouveau canal de Narbonne ; que l'exécution en avoit été combattue, depuis 1684, par l'indécision des ingénieurs, même rejettée par une délibération des États de Languedoc ; que les moyens qu'il proposa pour l'entreprendre furent si généralement approuvés aux États de l'année suivante, qu'ils supplièrent Sa Majesté d'agréer la continuation de ce canal, dès lors considéré comme un ouvrage très utile à cette province et à la ville de Narbonne ; qu'il mit enfin le comble à sa réputation par le plan qu'il dressa d'une nouvelle route d'Auvergne en Languedoc par le Vivarais, unique dans son genre par la douceur des pentes et la construction de ses ponts et aqueducs, et d'autant plus importante qu'elle abrègera de 36 lieues la route de Paris à Montpellier ; et que, tant de preuves multipliées du mérite dudit Sr Gendrier excitant la bienveillance de Sa Majesté, Elle ne peut lui en donner un témoignage plus autentique qu'en lui assurant un état qui, en le perpétuant dans ses descendans, soit un témoignage assuré de l'estime dont Elle l'honore ; avec faculté de porter des armoiries timbrées telles qu'elles seront réglées et blazonnées par le S^r d'Hozier, juge d'armes de France, c'est-à-dire *d'azur à un chevron d'or, accompagné de 3 gobelets d'argent, posés 2 en chef et l'autre en pointe*. Ces lettres données à Versailles, signées : Louis, et sur le reply : Par le Roy, Phelypeaux, à costé : de Maupeou, et scellées sur lacs de soye rouge et verte du grand sceau en cire verte ; enregistrées au Parlement de Paris, le 9 avril 1772, signé : Vandive [3].

---

[1] Pendant son séjour à la Rochelle, Gendrier dirigea les travaux de la cathédrale de cette ville en l'absence de Jacques-Ange Gabriel, qui avait succédé à son père comme architecte de cet édifice. (BAUCHAL.)

[2] 1733 dans le ms. fr. 32962, fol. 38, mais la date vraie, 1753, se lit dans la copie des lettres de noblesse qui se trouve au Nouveau d'Hozier.

[3] Une copie de ces lettres, faite sur l'original en parchemin, se trouve dans le Nouveau d'Hozier, dossier Gendrier, fol. 2 et 3. Au folio 4, minute du règlement d'armoiries par A.-M. d'Hozier de Sérigny (Paris, 20 décembre 1771), l'écu y est dit timbré d'un casque de profil, orné de ses lambrequins d'or, d'azur et d'argent.

Extrait d'un des registres de baptêmes, mariages et sépultures de l'église paroissialle de Saint-Dyé-sur-Loire, diocèse de Blois, portant que Dyé, fils d'honorable homme Dyé Gendrier, commissaire en ladite ville, et de d¹¹ᵉ Catherine Tittely, son épouse, y fut baptisé le 12 décembre 1705, délivré par le curé de ladite église, le 6 mars 1773, signé : Bardon, et légalisé le même jour par le procureur fiscal de la prévosté, haute, moyenne et basse justice de la même ville, signé : Thibault. Auquel est joint un :

Certificat de M. le curé de Saint-Laurent à Paris, du 15 mars 1773, portant que M. Dyé Gendrier, son paroissien, fait profession de la religion catholique, apostolique et Romaine et qu'il en pratique les devoirs, signé : Cotterets.

Nous Louis-Antoine de Gontaut de Biron, etc. (comme à la preuve de M. Challe) [1] les titres produits par Dyé Gendrier, écuyer, inspecteur général des Ponts et Chaussées du Royaume, nommé par le Roy chevalier etc. (comme à la preuve de M. Challe).

Je Dyé Gendrier, écuyer, inspecteur général des Ponts et Chaussées du Royaume, soussigné jure et promets, etc. (comme à la preuve de M. Challe).

Et le dit jour huitième du mois de may mil sept cent soixante et treize, nous, etc. (comme à la preuve de M. Challe).

(Bibl. nat., franc. 32962, anciennement Cabinet des titres n° 1127, fol. 37-38 ; minute non signée.)

XLIV

Moreau (Pierre-Louis) dit Moreau-Desproux

(Mai 1771)

Il était membre de l'Académie royale d'Architecture depuis 1762 [2] et maître général, contrôleur et inspecteur des Bâtiments de la ville de Paris, quand il fut anobli par les lettres patentes de mai 1771 reproduites ci-dessous, lettres qui énumèrent ses principaux travaux. Il fut reçu dans l'ordre de Saint-Michel en 1782. A partir de 1789, la liste des membres de l'ordre donnée par l'*Almanach royal* le dit *ancien* maître général des Bâtiments de la Ville [3]. Comme Mique, il fut victime de la Terreur et décapité en 1793.

---

[1] Il sera question de Challe dans la seconde partie de cette étude, mais nous n'avons pas retrouvé ses preuves. On pourra lire les formules complètes aux articles consacrés ci-dessus à Héré et à Lécuyer (n°ˢ XXIII et XXVIII).

[2] *Almanachs royaux* : Académie d'architecture.

[3] Bauchal dit donc à tort (p. 592) que Moreau-Desproux remplit cette charge

Lettres de noblesse pour Pierre-Louis Moreau.

Louis... Le progrès des Arts contribuant essentiellement à la gloire du règne d'un Souverain, nous nous sommes sans cesse occupés, depuis notre avènement à la couronne, à exiter et entretenir l'émulation parmi les artistes, en répandant nos faveurs sur ceux qui se sont rendus célèbres par la fécondité de leur génie et la supériorité de leurs talens. Les monuments dont les plans et la conduite ont été confiés au Sʳ Pierre-Louis Moreau, l'un des membres de notre Académie d'Architecture et notre conseiller, maître général, contrôleur et inspecteur des Bâtiments de notre bonne ville de Paris, ont particulièrement mérité de notre attention, et nous avons cru devoir lui accorder une marque d'honneur, qui, en témoignant notre satisfaction, fasse connoître celle que nos chers et bien amés les Prévôt des marchands et échevins de ladite ville ressentent des travaux qu'il a entrepris, sous leurs ordres et de notre agrément, pour l'embêlissement de la capitale de notre Royaume. Il n'appartient qu'à des talens aussi reconnus que ceux du Sʳ Moreau de pouvoir fixer toutes les parties qui devoient entrer dans la composition d'un projet aussi vaste que celui de rendre également utile et agréable le cours de la Seine, dans toute l'étendue d'une ville immense, de faire disparoître les obstacles qui dérobent la vue de ce fleuve, d'en élargir et aligner les quais, en former de nouveaux, faciliter l'accès des rues qui y aboutissent, en ouvrir d'autres, d'élever un édifice qui renferme le double avantage d'orner un des ponts de cette ville et de servir à la distribution des eaux dans tous ses quartiers, d'établir enfin une libre communication des isles Notre-Dame et de Saint-Louis également nécessaire et désirée depuis longtemps. La difficulté de l'entreprise n'a servi qu'à faire éclater dans un plus grand jour les resources que le Sʳ Moreau sait tirer de son art. Il les a encore plus particulièrement dévelopées dans la construction du nouvel Opéra, dont la façade, ainsi que celle du Palais-Royal, et de la place qui le précède, exécutées sur ses dessins, présentent l'ordonnance d'une belle et noble architecture, et l'intérieur renferme tout ce que l'on peut désirer pour le goût, l'élégance et la variété des formes et des ornemens, la commodité de la distribution et la facilité pour le spectateur de voir et d'entendre dans quelque partie de la salle qu'il soit placé

A ces causes... nous avons... annobli et annoblissons ledit Sʳ Pierre-Louis Moreau...

de 1763 à 1793. Il avait certainement cessé ses fonctions en 1789, et peut-être dès 1785, car depuis cette date Poyet est qualifié architecte du Roi et de la Ville. (*Almanachs royaux*, article Bâtiments de la Ville.)

Donné à..., au mois de... [1], l'an de grâce mil sept cent soixante-onze et de notre règne le cinquante-sixième. Signé : Louis, et sur le repli : Par le Roy, Phelypeaux.

(Bibl. nat., Nouveau d'Hozier, dossier Moreau, fol. 16 et 17.)

Règlement d'armoiries.

Règlement d'armoiries par Antoine-Marie d'Hozier de Sérigny, juge d'armes de la noblesse de France, pour Pierre-Louis Moreau, anobli par lettres données à Versailles au mois de mai 1771. Paris, 15 mai 1771.

Un écu d'argent à un chevron de gueules, accompagné de trois têtes de môre de sable, ayant leur bandeau d'argent et posées de profil, deux en chef et l'autre en pointe, et un chef d'azur chargé d'un castor d'argent passant. Ledit écu timbré d'un casque de profil, orné de ses lambrequins d'azur, d'argent, de gueules et de sable. Supports, deux aigles au naturel.

(*Ibidem*, fol. 4; minute signée.)

XLV

Du Morey (Joseph-Jean-Thomas)

(1775)

La date et le lieu de naissance de Thomas Du Morey sont inconnus; on trouve pour la première fois son nom dans les registres des délibérations des Élus des États du duché de Bourgogne en 1750; par délibération du 20 juillet de cette année, il est adjoint avec survivance à J. Bonnichon, ingénieur de la province, auquel sa santé ne permettait plus de vaquer utilement à ses travaux [2]; l'année suivante, il le remplaçait définitivement [3]. A partir de cette époque, Du Morey, qui était un homme de talent, donna une grande impulsion aux services dont il était chargé : routes à entretenir, à redresser ou à ouvrir, travaux d'art, etc. En 1774, les Élus, au nom des États, sollicitèrent pour lui le cordon de Saint-Michel [4] et l'année suivante il fut admis dans l'ordre [5]. Le devis

---

[1] Deux notes de la main d'A.-M. d'Hozier de Sérigny portent que M. Domilliers, secrétaire du Roi, qui a dressé ces lettres, lui a fait dire qu'on les daterait de Versailles et du mois de mai.

[2] Cf. Garnier, *Inventaire-sommaire des Archives de la Côte-d'Or*, C. 3198, fol. 293.

[3] *Ibidem*, C. 3201, fol. 119.

[4] *Ibidem*, C. 3227, fol. 233.

[5] *Almanachs royaux*, Ordre de Saint-Michel; dans ces listes, il est qualifié « ingénieur ordinaire du Roi et en chef des États de Bourgogne ».

proposé, en 1776, par l'architecte Lejolivet pour la construction de l'aile occidentale du Palais des États ayant été écarté, les Élus chargèrent Du Morey et son sous-ingénieur Gauthey de faire un nouveau projet qui fut approuvé et exécuté sous leur direction[1]. Il accompagna, en 1779, les ingénieurs envoyés par le Roi à l'occasion de l'ouverture du canal de Bourgogne[2]. Enfin, en 1782, à la veille de sa mort, on lui demandait des plans pour un hôtel de l'Intendance. Il mourut en cette même année, car, par une délibération du 29 juillet[3], les Élus accordent une pension de 1,200 livres à sa veuve Marie Liottier et le remplacent par Gauthey, qui fut le créateur du Canal du Centre.

XLVI

BÉRENGER (JEAN-FRANÇOIS)
(Avril 1775)

Né à Douai, paroisse Saint-Amé, le 15 juillet 1725, et mort en cette ville, le 30 juin 1802, Bérenger, commissaire général des fontes de l'artillerie à Douai, avait épousé à Lyon, le 12 octobre 1750, Laurence, fille de Jean Maritz, commissaire général des fontes à Lyon, puis à Strasbourg, dont il a été question plus haut, et de Judith Deonna[4]. Les lettres de noblesse, qui lui furent accordées en avril 1775 et qu'on trouvera publiées ci-dessous, contiennent de nombreux et intéressants détails sur ses services et ceux de sa famille. Il fut nommé la même année chevalier de Saint-Michel; à la Révolution, il remplissait encore la charge de commissaire des fontes de l'artillerie à Douai[5].

Lettres de noblesse pour Jean-François Bérenger.

Louis... S'il est du devoir de tous les citoyens de servir leur Patrie et de lui consacrer sans réserve leurs talents dans les places qu'ils remplis-

---

[1] *Archives de la Côte-d'Or*, C. 3229, fol. 136.
[2] *Ibidem*, C 3232, fol. 37
[3] *Ibidem*, C. 3235, fol. 454. Nous devons ces abondants renseignements à notre collègue M. Garnier, archiviste de la Côte-d'Or.
[4] Renseignements fournis par M. B. Rivière; cf. AMÉDÉE DE TERNAS, *Généalogie de la famille Bérenger* (Douai, 1867), extrait des *Souvenirs de la Flandre wallonne*, t. VII.
[5] *Almanach national* de 1793, p. 166.

sent, il est en même tems digne de la bonté d'un Souverain, toujours attentif à récompenser le mérite, d'honorer de distinctions particulières ceux qui ont le bonheur de devenir utiles à l'État; et la juste distribution des grâces, que sa bienveillance le porte à répandre sur de pareils sujets, est pour tous un objet d'émulation, qui, les encourageant à mériter les mêmes distinctions, leur présente ce qu'ils ont à espérer d'un Souverain de qui leurs travaux ne seront point ignorés. Tels sont les principes qui, à l'exemple des Rois nos prédécesseurs, nous engagent à réserver pour ces citoyens vraiment recommandables des grâces aussi distinguées que celle de l'annoblissement; et nous en avons jugé dignes entre autres ceux qui, totalement livrés au progrès d'un art auquel ils se sont adonnés, ont fait tourner à l'avantage de l'État les lumières et les connoissances qu'ils ont acquises ou perfectionnées, ainsi que les découvertes utiles qu'ils ont faites et qui sont le fruit de leur zèle et de leur application. Ces différentes considérations nous ont paru se réunir en faveur de notre cher et bien amé le Sr Jean-François Bérenger, commissaire général de fontes de l'artillerie à Douay. Sa famille, originaire de la Flandre, où elle est établie, et qui est alliée à plusieurs personnes nobles de cette province, a produit un grand nombre de sujets qui se sont distingués, soit dans la profession des armes, soit dans la place que le Sr Bérenger remplit actuellement, laquelle est dans sa famille depuis environ quatre-vingt ans et dont son grand-oncle, son oncle et son père ont été successivement revêtus avant luy.

Jean Bérenger, son bisayeul, capitaine général des feux de l'artillerie de France, fut tué au siège de Nimègue en mil sept cent soixante-douze.

Jean-Baptiste Bérenger, son ayeul, mort en mil six cent quatre-vingt-treize, étoit revêtu du titre de commissaire général et ordinaire des artifices de l'artillerie.

François-Simon Bérenger, son père, décédé en mil sept cent quarante-sept, avoit servi longtemps dans le Corps royal de l'artillerie; il fut fait prisonnier de guerre, en mil sept cent onze, à la défense du Quesnoy, et obtint, quelques années après, le grade de lieutenant-colonel dans ce corps. A la mort de son frère aîné, oncle du Sr Bérenger, arrivée en mil sept cent trente-huit, il lui succéda dans la place de commissaire général des fontes de l'artillerie, que celui-ci [1] avoit exercée pendant longues années avec le plus grand succès, et dans laquelle il avoit remplacé Claude Bérenger de Falize, son père [2], à qui elle fut donnée, en mil six cent quatre-vingt-

---

[1] Note autographe de d'Hozier de Sérigny : « Ainsi dans ces lettres, il faudroit *celui-là*. »

[2] Autre note autographe du même : « Ainsi dans ces lettres où il semble qu'on devroit lire *son oncle*, c'est-à-dire, l'oncle de l'oncle de l'annobli, ou (ce qui revient au même) le grand-oncle dudit annobli. D'H. de Sér. 1775. »

quinze, avec toutes les prérogatives et les privilèges des officiers commensaux de notre Maison.

Quant au Sr Bérenger, après avoir servi quelque tems dans le régiment d'Orléans-Infanterie, les officiers supérieurs de l'artillerie, lui connoissant de l'aptitude et des dispositions pour la partie des fontes, l'engagèrent à quitter ce régiment, pour se livrer à cette partie et profiter des instructions de son père. Travaillant sous ses yeux et aidé de ses conseils, il se perfectionna tellement dans son art qu'on lui confia, quoiqu'encore fort jeune, la fonderie royale de Douay, après la mort de son père. Il s'y distingua, tant dans cette ville, qu'à Strasbourg où il fut détaché pendant trois années pour ce genre de service, au bout desquelles il fut revêtu du titre de commissaire général des fontes. Depuis vingt-sept ans que le Sr Bérenger est à la tête de cet établissement, il s'est fait un honneur et un devoir d'imiter, en tout, ses ancêtres, et il s'est rendu recommendable, ainsi qu'eux, par ses talents et son habileté, par la perfection et la supériorité des ouvrages qu'il a dirigés, par sa probité et un désintéressement à toute épreuve.

Enfin des motifs de cette espèce ayant déterminé le feu Roy, notre très honoré seigneur et ayeul, à conférer la noblesse au Sr Maritz, commissaire général des forges et fontes de l'artillerie, beau-père du Sr Bérenger, et ces mêmes motifs nous parlant en faveur de celui-ci, nous ne pouvons que lui décerner une semblable récompense, dont il est digne à tant de titres.

Savoir fesons que... nous avons annobli et... annoblissons ledit Sr Jean-François Bérenger...

Donné à Versailles, au mois d'avril, l'an de grâce mil sept cent soixante-quinze et de notre règne le premier. Signé : Louis, et sur le repli : Par le Roy, le M^l de Félix du Muy.

(Bibl. nat., Nouveau d'Hozier, dossier Bérenger, fol. 5-6 ; copie sur l'original en parchemin.)

Règlement d'armoiries.

Réglement d'armoiries par A.-M. d'Hozier de Sérigny pour Jean-François Bérenger. Paris, 18 novembre 1775.

Un écu *écartelé d'or et de gueules*. Ledit écu timbré d'un casque de profil, orné de ses lambrequins aussi d'or et de gueules.

(*Ibidem*, fol. 7 ; minute signée.)

XLVII

Bouchet (Martin)

(Novembre 1775)

Bouchet était, en 1765, ingénieur en chef à Grenoble ; il devint alors inspecteur général des Ponts et Chaussées (1765-1774), tout en continuant, semble-t-il, jusqu'en 1772, à résider à Grenoble. De 1774 à 1787, il est qualifié premier ingénieur des Turcies et Levées et parait, au moins pendant un certain temps, avoir habité Châteauroux. Il dut mourir en 1787 ou 1788[1]. Des lettres d'anoblissement relatant ses travaux lui furent accordées en novembre 1775 et la même année il fut nommé chevalier de Saint-Michel[2].

Lettres de noblesse pour Martin Bouchet.

Louis... En nous faisant rendre compte des services qui ont été rendus à nous et à notre Royaume par ceux que nous employons dans les ouvrages publics, nous avons vu avec satisfaction ceux de notre cher et bien amé Martin Bouchet[3], premier ingénieur des Turcies et Levées.

Les preuves qu'il a données de ses talents, de son activité et de son zèle dans la confection des routes pratiquées dans les endroits les plus difficiles des Alpes pour communiquer aux places frontières de notre Royaume, dans la construction des ponts faits sur les torrents les plus impétueux du Dauphiné et dans les différents ouvrages destinées à contenir les fleuves, rivières et torrents qui dévastoient cette Province, et particulièrement dans le projet de contenir dans des digues la rivière d'Izer, dont les fréquents débordements menaçoient de submerger la ville de Grenoble, nous ont paru mériter les récompenses, que les Roys nos prédécesseurs ont accordé dans de pareilles circonstances à ceux dont les talents et les travaux ont été employés pour l'utilité publique. Nous avons d'ailleurs reçu les meilleurs témoignages de la bonne conduite, de l'exactitude et de la fidélité avec lesquelles ledit Sr Bouchet a rempli les différentes places qui lui ont été confiées pour notre service.

Pour ces causes... nous avons... annobli et... annoblissons ledit Sr Martin-Gratien Bouchet...

Donné à Fontainebleau, au mois de novembre, l'an de grâce mil sept cent soixante-quinze et de notre règne le deuxième. Signé : Louis, et plus bas : Par le Roy, Bertin.

(Bibl. nat., Nouv. d'Hozier, dossier Bouchet, fol. 6-7; copie sur l'original en parchemin.)

Règlement d'armoiries.

Règlement d'armoiries par Antoine-Marie d'Hozier de Sérigny pour Martin Bouchet. Paris, 13 novembre 1775.

---

[1] Du moins son nom disparaît de la liste des chevaliers de Saint-Michel publiée dans l'*Almanach royal* de 1789.

[2] *Almanachs royaux*, articles Ordre de Saint-Michel et Ponts et Chaussées.

[3] Il y avait d'abord *Martin-Gratien Bouchet*, comme plus bas, mais ici *Gratien* a été effacé.

Un écu *d'argent à une bande d'azur, accompagnée en chef d'un lion de gueules et en pointe de trois roses de même, posées en orle.* Ledit écu timbré d'un casque de profil, orné de ses lambrequins d'azur, d'argent et de gueules.

(Bibl. nat., Nouv. d'Hozier, dossier Bouchet, fol. 8; minute signée.)

XLVIII

DURAND (JOSEPH)
(Décembre 1775)

Joseph ou Georges-Joseph Durand, né en 1724, fut entrepreneur des fortifications de Douai; puis, par brevet du 20 octobre 1770, il reçut la survivance de M. de Roubaix comme capitaine des écluses de Douai, charge qu'il remplit effectivement à partir de 1774. Il avait dû rendre de véritables services, car, simple entrepreneur [1], il n'en fut pas moins anobli, par lettres du mois de décembre 1775 [2], et l'année suivante il reçut le cordon de Saint-Michel [3]. Il avait épousé, en 1744, Marie Tondeur, et décéda le 28 juin 1800 [4].

Règlement d'armoiries pour Joseph Durand.

Règlement d'armoiries par A.-M. d'Hozier de Sérigny pour le Sr Joseph Durand, entrepreneur des fortifications de la ville de Douay, et capitaine des Écluses de ladite ville et du Fort de Scarpe, anobli par lettres patentes en forme de charte données à Versailles au mois de décembre 1775. Paris, 10 février 1776.

Un écu *d'azur à un croissant d'argent, surmonté de deux étoiles de même posées en fasce.* Ledit écu timbré d'un casque de profil, orné de ses lambrequins d'argent et d'azur.

(Bibl. nat., Nouv. d'Hozier, dossier Durand, fol. 15; minute signée.)

---

[1] Voyez ci-dessous (n° LIII) Jean Brek qui dans ses lettres d'anoblissement est qualifié « architecte, entrepreneur des fortifications d'Alsace ».

[2] Ces lettres ne sont pas transcrites dans le Nouveau d'Hozier.

[3] *Almanachs royaux*, Ordre de Saint-Michel. Par suite d'une faute d'impression, jusqu'en 1787, les *Almanachs* qualifient Durand « entrepreneur des fortifications de la ville de Douay et capitaine des *élèves* de la même ville et du fort de Scarpe ».

[4] Les renseignements qui précèdent sont dus à l'obligeance de MM. J. Finot et B. Rivière.

XLIX

Billaudel (Jean-René)
(Avril 1777)

Charles-Jacques Billaudel, décédé à Marly-le-Roy, le 13 mai 1762, étant intendant ordonnateur général des Bâtiments du Roi et grand gruyer maître des Eaux et Forêts du duché de Mazarin [1], est bien connu, ainsi que son fils Jean-René, baptisé à Saint-Louis de Versailles, le 9 janvier 1733. Charles-Jacques remplissait, depuis 1725 [2], ces fonctions d'intendant général des Bâtiments; à sa mort, son fils lui succéda. Cette charge ayant été supprimée par un édit de septembre 1776, c'est à la suite de cet événement, et en quelque sorte pour dédommager Jean-René, qu'il fut anobli en 1777. Cet artiste décéda en 1786 [3].

Lettres de noblesse pour Jean-René Billaudel.

Louis... Le privilège de la noblesse a toujours été considéré, par les Rois nos prédécesseurs, comme la marque la plus précieuse de leur estime et comme la plus digne récompense qu'ils puissent accorder à ceux de leurs sujets, qui ont su s'acquérir des droits à leurs bontés.

Pénétrés nous-mêmes de ce sentiment, nous serons toujours disposés à user de cette ressource et à en étendre la faveur à ceux de nos sujets qui nous en paroîtront susceptibles, tant par leur services personnels que par ceux de leurs auteurs. C'est sous ces rapports que nous avons considéré le Sr Jean-René Billaudel, cy-devant notre conseiller, intendant général de nos Bâtimens, Jardins, Arts, Académies et Manufactures royales, charge dans le titre de laquelle il avoit succédé, en mil sept cent soixante-deux, au feu S^r son père, qui l'avoit exercée pendant plus de trente ans, et dont ledit Sr Billaudel fils n'est aujourd'hui dépossédé que par la suppression de toutes les charges de cette classe, prononcée par notre édit de septembre dernier. Les services que les Srs Billaudel, père et fils, nous ont

---

[1] Marquis de Granges de Surgères, *Artistes français des dix-septième et dix-huitième siècles. Extraits des comptes des États de Bretagne*, p. 25-26, n° 31 (acte de sépulture de Charles-Jacques et acte de notoriété établissant qu'il laissait une veuve, Marie-Louise Duvernet, et un fils unique, Jean-René, architecte et contrôleur des bâtiments du Roi au département de Bellevue).

[2] *Almanachs royaux*: Bâtiments du Roi.

[3] Cf. Leroy, *Histoire des rues de Versailles*; Guiffrey, *Actes d'état civil d'artistes français*.

rendus n'ont pas été bornés à ceux qui pouvoient résulter de l'exercice de ladite charge d'intendant, ils ont été tous deux chargés successivement de la conduite des départements les plus importants de nos Bâtiments, en vertu de commission particulière, et le Sr Billaudel fils, qui tenoit en dernier lieu le département particulier de Bellevue, ne se trouve aujourd'huy sans emploi dans nos Bâtiments que parcequ'en mil sept cent soixante-quinze nous avons mis le château de Bellevue hors de nos mains [1] et que depuis nous n'avons point eu d'autres occasions de nous réserver ses services dans nos Bâtiments.

La conduite louable qu'il n'a cessé de tenir, et dont son père lui avoit donné l'exemple, nous a paru d'autant plus faite pour être récompensée, que nous n'avons pu nous empêcher de prendre en considération, que dans le fait, c'est par des événements propres à notre administration qu'il se voit aujourd'hui privé des état et emploi qui constituoient son existence civile dans un grade vraiment honorable et à la faveur duquel il jouissoit de plusieurs des privilèges et des avantages qui raprochent ceux qui y sont admis de l'ordre de la Noblesse.

Nous avons vu dans cette dernière circonstance un motif de plus pour nous déterminer sur le choix de la grâce par laquelle, en récompensant les services dudit Sr Billaudel, nous pouvons compenser, en quelque sorte, les événements qu'il a éprouvés et le faire d'une manière d'autant plus satisfaisante pour lui, qu'en décidant par là le rang de sa postérité dans l'avenir, nous offrons à ses enfants des moyens plus favorables pour consacrer à nous et à la Patrie des services qui puissent leur mériter de nouvelles grâces.

A ces causes... nous avons annobli et... annoblissons ledit Sr Jean-René Billaudel...

Donné à Versailles, au mois d'avril, l'an de grâce mil sept cent soixante-dix-sept et de notre règne le troisième. Signé : Louis, et sur le repli : Par le Roy, Amelot.

(Bibl. nat., Nouv. d'Hozier, dossier Billaudel, fol. 2 et 3; copie sur l'original en parchemin.)

Règlement d'armoiries.

Règlement d'armoiries par Ant.-Mar. d'Hozier de Sérigny pour Jean-René Billaudel. Paris, 22 avril 1777.

Un écu d'or à un vol de gueules, surmonté d'une vire de sable, et un chef

---

[1] Bellevue fut vendu par acte du 24 décembre 1775 à Mesdames de France, tantes du Roi, filles de Louis XV. (Cf. vicomte DE GROUCHY, *Meudon, Bellevue et Chaville*, dans *Mémoires de la Société de l'histoire de Paris et de l'Ile-de-France*, t. XX, 1893, p. 146.)

aussi de gueules chargé de trois billettes d'argent couchées. Ledit écu timbré d'un casque de profil, orné de ses lambrequins d'or, de gueules, d'argent et de sable.

(Bibl. nat., Nouv. d'Hozier, dossier Billaudel, fol 4 ; minute signée.)

L et LV

Dartein (Jean)
(Août 1778)

et Dartein (Jean-Félix de)
(Mai 1786)

Jean Dartein naquit à Tayac en Périgord, le 15 mars 1719 ; il était fils de Pierre et de Marie Pescharry ou Peschari; « sa famille depuis un temps immémorial, dit un document du 15 avril 1778, s'étoit distinguée par ses talens dans l'art des fonderies en fer et en bronze. » A l'âge de quatorze ans, Jean perdit son père, et il alla se former auprès de son oncle maternel, François Peschari, qui était directeur de la fonderie royale de Toulon et auquel il succéda plus tard. Il resta à Toulon jusqu'en 1756, année où il fut envoyé par le ministre de la Marine à Rochefort et à Ruelle en Angoumois. Peu de temps après, il passa du département de la Marine à celui de la Guerre et fut nommé commissaire général des fontes de l'artillerie à Strasbourg, en remplacement de Maritz, chargé de l'inspection générale des fonderies et forges royales. En 1762, Jean Dartein s'occupa de déterminer les meilleures proportions de calibre et d'alliage pour l'artillerie de campagne dite *de bataille*. C'est en raison de ses services, signalés par plusieurs rapports d'officiers supérieurs du Corps de l'artillerie et relatés dans diverses lettres ministérielles, que le roi Louis XVI l'anoblit au mois d'août 1778. Deux ans après, le 8 mars 1780, il reçut la croix de chevalier de Saint-Michel. Jean mourut à Strasbourg, le 19 avril 1781.

Son fils aîné Jean-*Félix*, né à Toulon le 24 octobre 1747, lui succéda dans la direction de la fonderie de Strasbourg et mourut sans postérité, le 23 novembre 1788 ; dès le 8 mai 1786, le Roi lui avait accordé le cordon de Saint-Michel.

Il eut lui-même pour successeur son frère *Charles*-Mathieu-

Sylvestre, né à Toulon le 31 décembre 1749. Ce dernier, tout en ayant collaboré avec son père et son frère et étant pourvu du brevet de commissaire général surnuméraire et adjoint des fontes de l'artillerie, avait rempli les fonctions de préteur royal à Schlestadt, c'est-à-dire, de représentant du pouvoir royal dans cette ville libre d'Alsace. Après la mort de son frère, il dirigea la fonderie de Strasbourg jusqu'en 1805, année où la fabrication des canons fut enlevée à l'industrie privée. Le cordon de Saint-Michel lui avait été promis, mais la Révolution mit obstacle à la réalisation de ce projet. Il publia en 1810 un *Traité élémentaire sur les procédés en usage dans les fonderies pour la fabrication des bouches à feu d'artillerie et description des divers mécanismes qui y sont établis* (Strasbourg, imp. de Levrault, 64 planches), ouvrage dédié au roi de Bavière Maximilien-Joseph. Charles de Dartein mourut en 1814.

Les portraits des trois commissaires généraux des fontes de l'artillerie à Strasbourg ont figuré à l'Exposition universelle de 1900 (groupe XVIII, exposition rétrospective des armées de terre et de mer, n°[s] 102, 103 et 104), ainsi qu'un petit modèle d'obusier de leur fabrication [1].

Lettres de noblesse pour Jean Dartein.

Louis... Persuadés que les Arts ont droit à notre protection, nous nous faisons surtout un devoir d'encourager par des récompenses ceux dont les progrès importent davantage à l'État. Voilà par quel motif nous croyons devoir annoblir notre cher et bien amé le Sr Jean Dartein, commissaire général des fontes de l'artillerie au département de Strasbourg, à qui l'art de fondre les canons doit une partie de la perfection où il est parvenu dans ce siècle. Nous le jugeons d'autant plus digne de cette grâce, laquelle les officiers supérieurs du Corps royal de l'artillerie ont eux-mêmes sollicitée pour lui, qu'à la considération des services qu'il a rendus pendant une suite de quarante-quatre années, dans les départements de la Marine et de la Guerre, qui successivement ont employés ses talents, se joint celle des services de Pierre Dartein, son père, et de François Peschari, son oncle maternel, dont les leçons, l'exemple et les succès l'ont appelé dans la carrière où il s'est si distingué.

[1] Nous tenons à remercier de leur extrême obligeance MM. Henri de Dartein et Fernand de Dartein, inspecteur général des Ponts et Chaussées, auxquels nous sommes redevables des renseignements publiés ci-dessus.

A ces causes... nous avons annobli et... annoblissons ledit sieur Jean Dartein...

Donné à Versailles, au mois d'août, l'an de grâce mil sept cent soixante-dix-huit et de notre règne le cinquième. Signé : Louis, et sur le repli : Par le Roy, le P^{ce} de Montbarey.

(Bibl. nat., Nouv. d'Hozier, dossier Dartein, fol. 4 ; copie sur l'original en parchemin.)

Règlement d'armoiries.

Règlement d'armoiries par A.-M. d'Hozier de Sérigny pour Jean Dartein. Paris, 18 septembre 1778.

Un écu de gueules à un chevron d'argent, accompagné en chef de deux dards de même, posés en pal la pointe en haut et surmontés chacun d'une couronne d'or, et en pointe d'un canon aussi d'or sur son affut de même. Ledit écu timbré d'un casque de profil, orné de ses lambrequins d'or, de gueules et d'argent. Cimier : Un lion d'or tenant de ses pattes de devant un dard d'argent, posé en pal la pointe en haut.

(*Ibidem*, fol. 5 ; minute signée.)

LI

Coustou (Charles-Pierre)

(Septembre 1779)

Fils du sculpteur Guillaume I Coustou et de Geneviève-Julie Morel, Charles-Pierre naquit à Paris, le 28 janvier 1721, et mourut dans la même ville, le 22 janvier 1797 ; il fut avocat en Parlement et architecte du Roi [1]. Il parait avoir dû les lettres de noblesse, qui lui furent accordées en septembre 1779 et qui ont été publiées par M. Guiffrey [2], moins à son mérite personnel qu'à la mort de son frère le sculpteur Guillaume II. Celui-ci avait été désigné, en 1777, par le Roi pour être admis dans l'ordre de Saint-Michel et avait même été autorisé à en porter dès lors le cordon ; mais la mort le surprit [3] avant que les lettres de noblesse, qui lui étaient nécessaires pour être reçu, ne fussent expédiées. Dès 1780, Charles-

---

[1] Jal., *Dictionnaire*, p. 445 ; Mis de Granges de Surgères, *Artistes français des XVIIe et XVIIIe siècles. Extraits des comptes des Etats de Bretagne*, p. 51-52 et 155-156.

[2] *Artistes anoblis*, II, p. 238, n° IX.

[3] A Paris, le 13 juillet 1777. (Jal, *loc. cit.*, p 445, qui le dit chevalier de Saint-Michel.)

— 96 —

Pierre, héritant de nouveau de son frère, fut reçu dans l'ordre de Saint-Michel. On le trouve qualifié inspecteur des Bâtiments du Roi[1] ; il avait épousé Catherine-Madeleine-Ursule Cochois et était entré à l'Académie royale d'Architecture en 1762, la même année que Desmaisons et Moreau, dont il a été question ci-dessus (n°s XLII et XLIV). On voit donc que son mérite personnel ne fut pas complètement étranger aux distinctions dont il fut honoré.

Règlement d'armoiries pour Charles-Pierre Coustou.

Règlement d'armoiries par Antoine-Marie d'Hozier de Sérigny, juge d'armes de la noblesse de France, pour Charles-Pierre Coustou, l'un des architectes du Roy et membre de l'Académie royale d'Architecture, anobli par lettres patentes données à Versailles en septembre 1779. Paris, 6 novembre 1779.

Un écu d'or à une fasce d'azur, accompagnée en chef de deux chouettes de sable affrontées, celle du côté droit (sic) de l'écu posée sur un compas d'argent, et l'autre sur un ciseau aussi de sable, et en pointe d'un maillet de gueules entouré de deux branches de laurier de sinople en forme de couronne. Ledit écu timbré d'un casque de profil, orné de ses lambrequins d'azur, d'or, de gueules, d'argent, de sable et de sinople.

(Bibl. nat., Nouv. d'Hozier, dossier Coustou, fol. 2 ; minute signée, accompagnée d'un dessin peint au fol. 3.)

LII

MONTGOLFIER (ÉTIENNE-JACQUES)
(Décembre 1783)

Peu de temps après l'expérience faite devant le Roi le 19 septembre 1783, par *Étienne*-Jacques et *Joseph*-Michel Montgolfier, inventeurs « des machines aérostatiques », leur père Pierre Montgolfier fut anobli par lettres du mois de décembre de la même année. Outre les travaux des deux frères, ces lettres relatent que Pierre, « issu d'une famille ancienne et honorable », a donné une extension considérable à la fabrique de papiers située à Annonay, qu'il avait reçue de ses parents, y faisant les premiers essais de

---

[1] Listes des chevaliers de Saint-Michel dans les *Almanachs royaux*.

papiers vélins et y établissant, à la demande des États de Languedoc, des « cylindres, machines et procédés de fabriquation Hollandoise [1] ».

Ce que ne disent pas ces lettres et ce qui légitime la place donnée ici à cette famille, c'est que l'un des deux frères, Étienne, se destina d'abord *à l'architecture* et fut, dit-on, l'élève de Soufflot ; d'après le comte Boissy-d'Anglas, pendant quelque temps, « il se livra d'une manière exclusive à l'architecture théorique et pratique, et il existe dans les environs de Paris des églises et des maisons particulières, bâties d'après ses plans et sous sa direction, qui attestent tout à la fois et ses talents et son bon goût [2] ».

Un Montgolfier, sans prénom et sans adresse, se trouve porté sur les listes de l'ordre de Saint-Michel, dans lequel il fut reçu en 1784 [3] ; selon la *Nouvelle Biographie générale* de Didot et Hoefer, il s'agit d'Étienne.

Le règlement d'armoiries fait (7 janvier 1784) pour Pierre Montgolfier fixe ainsi ses armes : « un écu *d'argent à une montagne de sinople mouvante du côté droit* (sic), *au pied de laquelle est une mer d'azur aussi mouvante de la pointe de l'écu, et en chef un globe aërostatique de gueules, ailé de même*. Le dit écu timbré d'un casque de profil, orné de ses lambrequins d'argent, d'azur et de sinople [4]. » Il paraît que la famille Montgolfier aurait porté antérieurement les armes suivantes : *d'argent à une mer d'azur et une montagne d'or, en chef un coq de gueules* [5].

Joseph Montgolfier naquit à Vidalon-lès-Annonay en 1740 et

---

[1] Ces lettres ont été publiées par M. J.-X. CARRÉ DE BUSSEROLLE, *Supplément à l'Armorial général de la Touraine* (Tours, 1884), p. 261-265. Une copie, d'après l'original en parchemin, se trouve dans le Nouveau d'Hozier, dossier Montgolfier, fol. 2 et 3. Elle contient une légère différence avec le texte imprimé : « Pierre Montgolfier... ayant reçu de ses parens une papeterie située à Annonai dans le Vivarais, l'a rendue, par ses soins et son intelligence, l'une des plus considérables du Royaume, de sorte qu'elle occupe seule trois cents personnes et qu'elle renferme dans son enceinte *neuf* des cuves ou ateliers, dont un seul compose le plus grand nombre des papeteries ordinaires. »

[2] Dans le *Dictionnaire de la conversation*, t. XXXVIII, p. 455.

[3] *Almanachs royaux.*

[4] Ce règlement a été également publié par M. DE BUSSEROLLE, *loc. cit.*, p. 265-266. La minute originale signée se trouve dans le Nouv. d'Hozier, dossier Montgolfier, fol. 5. Voir fol. 8 le blason peint.

[5] Voir diverses notes dans le dossier cité du Nouveau d'Hozier, notamment folio 7.

mourut aux eaux de Balaruc le 26 juin 1810 ; Etienne, né au même lieu le 7 janvier 1745, décéda à Serrières le 2 août 1799 [1].

LIII

Brek (Jean)
(Juin 1785)

Sur cet architecte, entrepreneur des fortifications d'Alsace, nous ne savons guère que les quelques détails contenus dans ses lettres d'anoblissement du mois de juin 1785 [2].

On a vu ci-dessus (n° XLVIII) que Joseph Durand, entrepreneur des fortifications de Douai, avait été anobli en 1775, puis fait chevalier de Saint-Michel ; de même Brek fut reçu dans cet ordre en 1786. Il est mentionné, dans les listes des membres, avec la qualification de directeur des fortifications à Neuf-Brisach. Il se trouve encore sur la dernière publiée en 1791 [3]. Nous ignorons la date de sa mort.

Lettres de noblesse pour Jean Brek.

Louis, etc... Persuadés que les Arts ont droit à notre protection, nous croyons devoir encourager par des récompenses ceux de nos sujets qui s'y distinguent ; voilà ce qui nous porte à annoblir notre cher et bien amé le Sr Jean Brek [4], architecte, entrepreneur des fortifications de notre province d'Alsace, et nous ne doutons pas que cette grâce, dont il s'est tellement rendu digne, que les officiers du Corps du génie, sous les ordres desquels il a travaillé, l'ont eux-même sollicitée pour lui, ne soit un puissant motif d'émulation pour ceux qui suivent la même carrière ; depuis quarante ans que l'entreprise dont il est chargé lui a été confiée, il n'y a pas moins donné de preuves de son zèle et de son désintéressement que de ses talens ; à cette considération se joint celle des services de la famille de sa femme, dont le père et l'ayeul, issus d'origine noble, sont morts chevaliers de notre ordre de St-Louis ; enfin il jouit d'une fortune qui le

---

[1] *Nouvelle Biographie générale* de Didot et Hoefer.

[2] Nous remercions M. le Professeur Wiegand, directeur des Archives de la Basse-Alsace, à Strasbourg, pour les recherches qu'il a bien voulu faire sur ce personnage ; malheureusement, elles n'ont donné aucun résultat.

[3] Voyez les *Almanachs royaux*.

[4] Ce nom avait d'abord été écrit : *Breck*. Les listes de l'ordre de Saint-Michel dans les *Almanachs royaux* portent : *Breeck*.

mettra en état de soutenir dignement le rang, auquel nous l'élevons.

A ces causes... nous avons annobli et... nous annoblissons ledit Sʳ Jean Brek...

Donné à Versailles, au mois de juin, l'an de grâce mil sept cent quatre-vingt-cinq et de notre règne le douzième. Signé : Louis, et sur le repli : Par le Roy, le Mᵃˡ de Segur.

(Bibl. nat., Nouv. d'Hozier, dossier Breck, fol. 2; copie d'après l'original en parchemin.)

Règlement d'armoiries.

Règlement d'armoiries par A.-M. d'Hozier de Sérigny pour Jean Brek. Paris, 25 juillet 1785.

Un écu d'azur à deux tours d'argent, jointes par un entremur de même, le tout maçonné de sable et surmonté de trois étoiles aussi d'argent. Ledit écu timbré d'un casque de profil, orné de ses lambrequins d'azur, d'argent et de sable.

(*Ibidem*, fol. 3; minute signée.)

LIV

LIMAY (JEAN CADET DE)

(Décembre 1786)

Jean Cadet, connu sous le nom de Cadet de Limay, était fils de Claude Cadet[1], chirurgien à Paris et opérateur fort habile. Quand Claude mourut, le 10 février 1745, il laissa sa veuve sans fortune avec treize enfants, dont plusieurs, grâce à de bienveillantes protections, surent se faire une situation honorable.

Jean était son quatrième fils ; il naquit probablement à Paris

---

[1] Claude lui-même était fils d'un autre Claude Cadet, laboureur, et d'Edmée Menfroy; il naquit à Renault ou Regnault près de Troyes, le 5 juillet 1695, et fut baptisé le 6 en l'église de Clérey (Renault, commune de Fresnoy et Clérey, commune du canton de Lusigny, arrondissement de Troyes, Aube); il était arrière-petit-neveu de Vallot, premier médecin d'Anne d'Autriche, puis de Louis XIV. — On trouvera une notice sur la famille Cadet de Vaux, de Limay, de Gassicourt, etc., dans BOREL D'HAUTERIVE et vicomte RÉVÉREND, *Annuaire de la noblesse*, 1896, p. 442 ; une généalogie plus détaillée a été rédigée par M. TORAUDE sous le titre *Étude scientifique, critique et anecdotique sur les « Cadet »* (Paris, in-8° de 106 pages, 14 planches), tirage à part du *Bulletin des Sciences pharmacologiques*, février 1902. C'est à cet auteur que sont empruntées les indications généalogiques données ici ; mais l'ouvrage contient fort peu de renseignements sur la branche dite de Limay, qui seule nous intéresse.

vers 1736 et entra fort jeune dans les Ponts et Chaussées, en 1755. La suite de sa carrière nous échappe ; mais, dix ans après, on le retrouve succédant à L. Trésaguet comme ingénieur en chef de la généralité de Bourges ; il resta dans cette ville jusqu'en 1770, année où il passa en la même qualité dans la généralité de Tours, où il remplaçait de Voglie[1]. En 1773, il joignit à ses premières fonctions celles d'ingénieur en chef du pont de Tours que Bayeux venait d'abandonner[2]. Devenu, en 1777, inspecteur général des Ponts et Chaussées, il continua à diriger ce service dans la généralité de Tours[3] et ce n'est qu'en 1780 qu'il y eut comme successeur, en qualité d'ingénieur en chef, de Montrocher précédemment remplissant les mêmes fonctions à Bourges[4]. A partir de cette année, il résida à Paris comme inspecteur général des Ponts et Chaussées et demeurait rue Michel-le-Comte ; l'*Almanach royal* de 1792 le mentionne encore.

La ville de Tours doit à J. de Limay les dessins des maisons de la rue Nationale (jadis rue Royale), et ceux de l'hôtel de ville[5].

Les registres de l'état civil de Tours (paroisse Saint-Venant) font connaître la naissance de trois enfants de Jean Cadet de Limay et de sa femme Perpétue-Félicité Desfriches, fille d'Aignan-Thomas Desfriches, négociant à Orléans, et de Marie-Madeleine Buffreau, qu'il avait épousée le 11 novembre 1771 : 1. Aignan-Robert, né et baptisé le 2 septembre 1772 : il eut pour parrain son aïeul maternel ; 2. Félicité-Marie, née le 15 mai 1774 et baptisée le 18 : sa marraine fut Marie-Madeleine Buffreau, sa grand'mère ; 3. Anne-Louise-Pauline, née le 8 octobre 1777 et baptisée le 9.

Cadet de Limay mourut le 5 mai 1802 et sa femme le 12 février 1832[6].

---

[1] *Almanachs royaux.*

[2] Cf. ci-dessus article Bayeux, n° XXIV.

[3] Lettre de De Cotte, chargé du détail des Ponts et Chaussées, à l'intendant de Tours Du Cluzel, 31 juillet 1777 (Arch. d'Indre-et-Loire, C. 169.)

[4] Lettre de De Cotte à Du Cluzel, 18 mars 1780. (*Ibidem.*)

[5] Il vient d'être élevé, sur les plans de M. Laloux, un nouvel hôtel de ville ; l'ancien est destiné à recevoir prochainement la Bibliothèque municipale. Sur J. de Limay, cf. CHARLES DE GRANDMAISON, *Documents inédits concernant les arts en Touraine*, p. 188.

[6] Ils furent inhumés dans le cimetière Saint-Jean d'Orléans, ainsi qu'une de leurs filles épouse de M. Ranque, chevalier de la Légion d'honneur, médecin en chef de l'Hôtel-Dieu et des prisons. (Inscription funéraire relevée par Lambron

Lettres de noblesse pour Jean Cadet de Limay.

Louis... Nous nous faisons un devoir, à l'exemple des Rois nos prédécesseurs, d'honorer les sciences et les talens par des distinctions et des grâces propres à en augmenter les progrès, à exciter l'émulation et à servir d'encouragement ; parmi ceux de nos sujets qui les cultivent avec le plus grand succès, nous avons distingué notre cher et bien amé le Sr Jean Cadet de Limay, inspecteur général des Ponts et Chaussés ; depuis trente-un ans qu'il est attaché à cette partie, il s'est rendu recommandable par son exactitude, ses lumières, ses connoissances et ses talents. Ses supérieurs nous ont rendus les témoignages les plus avantageux de l'importance et de l'utilité de ses travaux et nous nous déterminons d'autant plus volontiers à l'élever aux honneurs de la noblesse, qu'il nous a paru n'être pas moins digne de cette récompense que ceux de ses prédécesseurs, dans la place d'inspecteur général des Ponts et Chaussées, à qui elle a été accordée, et que d'ailleurs il tient à une famille nombreuse, dont tous les membres se distinguent également chacun dans leur état.

A ces causes, nous avons... annobli et... annoblissons le Sr Jean Cadet de Limay...

Donné à Versailles, au mois de décembre, l'an de grâce mil sept cent quatre-vingt-six et de notre règne le treisième. Signé : Louis, et plus bas : Par le Roy, le baron de Breteuil.

(Bibl. nat., Nouveau d'Hozier, dossier Cadet, fol. 2 ; copie.)

Règlement d'armoiries.

Règlement d'armoiries par Antoine-Marie d'Hozier de Sérigny, chevalier, juge d'armes de la noblesse de France, pour Jean Cadet de Limay. Paris, 25 janvier 1787.

Un écu d'azur à une fasce cintrée d'argent, chargée de six étoiles aussi d'azur et accompagnée en chef d'un soleil d'or naissant à demi de la fasce, et en pointe d'un pin de sinople, accosté de deux rosiers de même, tous trois plantés sur une terrasse au naturel, mouvante de la pointe de l'écu. Ledit écu timbré d'un casque de profil, orné de ses lambrequins d'or, d'azur, d'argent et de sinople [1].

(*Ibidem*, fol. 4 ; minute signée.)

de Lignim ; Bibl. municipale de Tours, ms. 1446, p. 82, n° 1096.) — Aignan Cadet de Limay, leur fils, fut inspecteur divisionnaire des Ponts et Chaussées. Une autre branche de la famille, celle des Cadet de Chambine, a fourni également plusieurs ingénieurs. (Cf. TORAUDE, *op. cit.*, p. 14-16.)

[1] Ces armes ont été reproduites dans l'ouvrage de M. TORAUDE, page 20,

LV

Dartein (Jean-Félix)
(Mai 1786)

Voyez ci-dessus, n° L.

LVI

Cessart (Louis-Alexandre de)
(1787)

Il naquit à Paris en 1719. Ingénieur dans la généralité de Tours en 1751 [1], il construisit sous la direction de l'ingénieur en chef de Voglie le pont de Saumur. Il devint plus tard ingénieur en chef des généralités d'Alençon (1767-1774), d'Amiens (1775) et de Rouen (1775-1783) [2]. En cette dernière qualité, il construisit le pont tournant du Havre, donna le plan des casernes du Pré-au-Loup à Rouen et le dessin de la nouvelle porte Martainville. Nommé, en 1783, inspecteur général des Ponts et Chaussées, il remplissait encore ces fonctions en 1792. Il avait été admis dans l'ordre de Saint-Michel en 1787, mais ne s'était pas encore fait recevoir en 1791. Il mourut en 1809 [3].

planche II ; par suite d'une faute d'impression, elles sont indiquées sur cette planche comme étant les armes de la branche des Cadet de Chambine. — M. J.-X. Carré de Busserolle, *Armorial de la Touraine*, t. II (1867), p. 579, v° Limay, attribue à l'ingénieur les armes suivantes (d'après Lambron de Lignim) : *d'argent à un chevron d'azur, surmonté d'un croissant de... et accompagné de deux coqs de... affrontés en chef et d'un lion armé de... en pointe*. Un cachet semblable se trouve en effet au dos d'une lettre de Limay à Rattier du 16 juin 1780. (Archives municipales de Tours, DD. 22.) Une autre lettre du même à B. de La Grandière, 29 décembre 1779, a pour cachet : *de... a un soleil de... en chef et une gerbe de... liée de... en pointe*. (Même liasse.)

[1] Les *Almanachs de Touraine* (dont le premier est de 1754, mais qui ne contiennent le service des Ponts et Chaussées qu'à partir de la seconde année) le qualifient sous-ingénieur des Ponts et Chaussées résidant à Saumur de 1755 à 1768 ; il fut remplacé par Le Creulx (1769). Nous savons par ailleurs que Cessart fut, dès 1767, ingénieur en chef de la généralité d'Alençon ; c'est donc en cette année qu'il a quitté Saumur.

[2] *Almanachs royaux.*

[3] Cf. Bauchal, *Dictionnaire* ; *Nouvelle Biographie générale* de Didot et Hoefer ; et les *Almanachs royaux*, articles Ordre Saint-Michel et Ponts et Chaussées.

LVII

Lamandé (François-Laurent)
(Août 1787)

Un Lamandé, dont le prénom n'est pas indiqué, mais qui doit très probablement être François-Laurent, est porté, dans les *Almanachs de Touraine* de 1759 à 1761, comme sous-ingénieur de la généralité de Tours au département de Château-du-Loir avec résidence au Mans, et, dans ceux de 1762 à 1764, comme sous-ingénieur à Tours. La suite de la carrière de François-Laurent nous est indiquée par ses lettres de noblesse du mois d'août 1787 publiées ici. Après avoir travaillé au port des Sables-d'Olonne et à celui de la Rochelle, il devint ingénieur en chef de la généralité de Montauban (1779-1783), puis succéda en la même qualité dans la généralité de Rouen à de Cessart, dont il vient d'être question, (1783-1791); c'est probablement lui qu'on retrouve dans l'*Almanach royal* de 1792 avec le titre plus restreint d'ingénieur en chef du département de la Seine-Inférieure. Nous ignorons la date et le lieu de sa naissance, ainsi que de sa mort. Il avait épousé, le 7 septembre 1773, Angélique Jacobsen, de Noirmoutier, et fut père de Mandé-Corneille Lamandé, inspecteur général des Ponts et Chaussées, né aux Sables-d'Olonne en 1776, mort à Paris le 1ᵉʳ juillet 1837 [1].

Lettres de noblesse pour François-Laurent Lamandé.

Louis... Notre cher et bien amé le Sʳ François-Laurent Lamandé, notre ingénieur en chef des Ponts et Chaussées et Port Maritime (*sic*) de la généralité de Rouen, sert depuis plus de vingt-neuf ans d'une manière aussi utile que distinguée. Le gouvernement, ayant conçu dès le principe l'opinion la plus avantageuse de ses talens, le destina aux ouvrages des ports et lui confia, en mil sept cent soixante-six, ceux du port des Sables-d'Olonne; ce port se trouvoit presque entièrement comblé et la ville en grande partie détruite, le Sʳ Lamandé vit bientôt que les travaux qu'on avoit commencés ne pouvoient garantir des irruptions de la mer, il dressa un autre plan dont l'exécution opéra pour toujours le salut de la ville et de son port. Il donna aussi pour rétablir le port de la Rochelle, le plan de relever les digues de Richelieu et de faire un avant-port du

---

[1] Merland, *Biographies vendéennes*, t. III (1883), p. 392 et 414.

côté de la ville avec une retenue d'eau vers le côteau des Minimes. Nommé, en mil sept cent soixante-dix-neuf, ingénieur en chef à Montauban, il procura le rétablissement du pont de Cahors, par une méthode nouvelle et économique de fonder les piles des ponts, et qui peut s'appliquer très avantageusement pour établir des jettées, des digues et autres ouvrages de grande profondeur ; cette méthode consiste à faire couler une caisse sans fond et à la remplir en maçonnerie de Breton (*sic*). Ses succès multipliés dans les travaux des ports le firent appeler, en mil sept cent quatre-vingt-trois, pour le charger de ceux de la généralité de Rouen. Il a donné différens mémoires pour déveloper les principes qui doivent être suivis dans ces opérations, non moins difficiles qu'importantes, et c'est d'après ces mêmes principes que sont dirigés les ouvrages qu'il a fait exécuter aux ports du Hâvre, de Dieppe et autres de la province. Ayant reconnu surtout que les plans cy-devant adoptés pour le Hâvre ne pouvoient remplir les vues qu'on s'étoit proposées, il en a dressé d'autres que nous avons approuvés et qui procurent les plus grands avantages. Des talens aussi précieux et des services aussi considérables nous ayant paru mériter une récompense éclatante, nous avons cru devoir accorder au Sr Lamandé des lettres de noblesse, qui feront connoître notre attention à distinguer ceux qui se rendent vraiment utiles à l'État et qui donnent l'exemple du zèle et du désintéressement.

A ces causes... nous avons annobli et, par ces présentes signées de notre main, nous annoblissons ledit Sr François-Laurent Lamandé...

Donné à Versailles, au mois d'aoust, mil sept cent quatre-vingt-sept et de notre règne le quatorzième. Signé : Louis, et plus bas : Par le Roy, le Bon de Breteüil.

(Bibl. nat., Nouv. d'Hozier, dossier Lamandé, fol. 2-3 ; copie.)

Règlement d'armoiries.

Règlement d'armoiries pour F.-L. Lamandé par Ant.-Marie d'Hozier de Sérigny. Paris, 27 août 1787.

Un écu *d'azur à une fasce d'argent, accompagnée en chef d'un compas ouvert d'or et en pointe d'un ancre de même.* Ledit écu timbré d'un casque de profil, orné de ses lambrequins d'or, d'azur et d'argent.

(*Ibidem*, fol. 4 ; minute signée.)

LVIII

Pons (Louis-Guillaume-Yves)

(Février 1788)

Comme Durand et Brek, dont il a été précédemment question,

Louis Pons était un simple entrepreneur. D'après des documents des Archives des Pyrénées-Orientales, qu'a bien voulu nous signaler notre confrère M. Palustre, les ouvrages dont il fut chargé consistaient dans le curement et le creusement du port de Vendres[1], la construction du mur du quai et le barrage du torrent de Vall-de-Pintes. Les projets, faits à la fin de l'ancien Régime, pour les travaux à exécuter à Port-Vendres, ne comprenaient guère, au point de vue artistique, que l'érection d'un obélisque à la gloire de Louis XVI; les plans en furent dressés par le directeur des fortifications des provinces du Languedoc et du Roussillon, de Pinsun, qui s'était adjoint comme collaborateurs l'architecte du Roi, de Wailli, pour les trophées et les sculptures, et le fondeur de Paris, Guiard, pour les ornements en bronze[2]. Pons, sur lequel nous ne possédons aucun renseignement biographique, ne paraît donc pas avoir joué un rôle artistique. Quoi qu'il en soit, en février 1788, le Roi le nomma citoyen noble de Perpignan[3] et la même année il fut créé chevalier de Saint-Michel, mais il ne se fit recevoir qu'en 1789. L'année suivante, et encore en 1791, on le trouve qualifié ingénieur-géographe du Roi à Perpignan[4].

Règlement d'armoiries pour Louis-Guillaume-Yves Pons.

Règlement d'armoiries par A.-M. d'Hozier de Sérigny pour Louis-Guillaume-Yves Pons, entrepreneur des travaux du port de Vendre, créé et nommé citoyen noble et immatriculé de la ville de Perpignan par lettres du Roi données à Versailles au mois de février 1788, signées : Louis, et sur le repli : Par le Roi, de Loménie comte de Brienne, Visa de Lamoignon; registrées au Conseil Souverain de Roussillon, le 12 avril 1788, et, le même jour, au greffe de la Chambre du Domaine du Roi en Roussillon[5]. Paris, 6 février 1789.

Un écu *d'azur à une tour d'argent, maçonnée de sable et supportée par*

[1] Vendres ou Port-Vendres, canton d'Argelès, arr. de Céret (Pyrénées-Orientales).
[2] Cf. ALART, *Inventaire-sommaire des archives des Pyrénées-Orientales*, C. 1155 à 1164 et particulièrement C. 1161.
[3] Sur les citoyens nobles, cf. l'abbé XAUPI, *Recherches historiques sur les citoyens de Perpignan et de Barcelone connus sous le nom de citoyens nobles* (Paris, 1776.)
[4] *Almanachs royaux*, 1789 à 1791, listes des chevaliers de Saint-Michel.
[5] M. Palustre a recherché inutilement aux Archives des Pyrénées-Orientales le texte de ces lettres, dont la copie manque dans le Nouveau d'Hozier.

deux lions aussi d'argent, couchés sur une terrasse de même mouvante de la pointe de l'écu; derrière laquelle tour est un navire pareillement d'argent; le tout surmonté de deux étoiles d'or posées en chef. Ledit écu timbré d'une casque de profil, orné de ses lambrequins d'or, d'azur, d'argent et de sable.

(Bibl. nat., Nouv. d'Hozier, dossier Pons, fol. 37 ; minute signée. — Au folio 39, un dessin des armes avec le collier de Saint-Michel.)

LIX

Couture (Guillaume-Martin)

(Mai 1788)

Né à Rouen en 1732 et décédé le 27 décembre 1799, cet architecte du Roi fut anobli en mai 1788 et la même année reçu chevalier de Saint-Michel. Nous n'avons pas retrouvé ses lettres de noblesse, mais seulement le règlement d'armoiries dans lequel d'Hozier de Sérigny les a visées. Il était membre de l'Académie royale d'Architecture depuis 1773.

Règlement d'armoiries pour Guillaume-Martin Couture.

Règlement d'armoiries par Antoine-Marie d'Hozier de Sérigny, juge d'armes de la noblesse de France, pour Guillaume-Martin Couture, architecte du Roy, membre de l'Académie royale d'Architecture et de celles des Sciences, Belles-Lettres et Arts de Rouen, anobli par lettres patentes données à Versailles en mai 1788 [1]. Paris, 14 mai 1788.

Un écu *d'azur à une croix d'argent, chargée d'une colonne de sable, sur laquelle est posée une main d'or, ladite croix cantonnée de quatre abeilles aussi d'or.* Ledit écu timbré d'un casque de profil, orné de ses lambrequins d'or, d'azur, d'argent et de sable.

(Bibl. nat., Nouv. d'Hozier, dossier Couture, fol. 2 ; minute signée.)

---

[1] Signées : Louis, et plus bas : Par le Roy, Laurent de Villedeuil. — La minute de ce règlement portait d'abord que l'anoblissement était de ce présent mois d'avril 1788 et que la lettre était contresignée : le baron de Breteuil ; le règlement était daté primitivement d'avril. On lit de la main de A.-M. d'Hozier de Sérigny : « J'aurai une note à faire sur la signature Laurent de Villedeuil relativement à la date de ces lettres et à celle de mon règlement d'armoiries. » La note ne se trouve pas.

LX

Paris (Pierre-Marie-Adrien)
(Juin 1789)

Après l'intéressante notice donnée sur cet architecte par A. Castan, il y a peu de choses à dire [1]. Né à Besançon, le 25 octobre 1745, Paris est décédé dans la même ville, le 1ᵉʳ août 1819. Il fut anobli par les lettres qui suivent en date de juin 1789 [2], quelques semaines seulement avant la prise de la Bastille et la nuit du 4 août ; son règlement d'armoiries porte même la date du 7 juillet.

Parmi les travaux, qui firent accorder cette faveur au dessinateur du Cabinet du Roi, les lettres mentionnent la Salle des Notables et celle des États-Généraux exécutées sur ses dessins et sous sa conduite et les projets qu'il avait dressés pour la reconstruction du château de Versailles. Dans la même année 1789, il fut nommé chevalier de Saint-Michel et il paraît sur les listes publiées par l'*Almanach royal* de 1790 et par celui de 1791, mais il y est indiqué comme *admis et non reçu*. Il demeurait alors aux Menus-Plaisirs, rue Bergère.

Lettres de noblesse pour Pierre-Marie-Adrien Paris.

Louis... La protection qu'à l'exemple des Rois nos prédécesseurs nous accordons aux Arts et aux talents nous a fait distinguer, dans le nombre de ceux qui les professent, notre cher et bien amé le sieur Pierre-Marie-Adrien Paris, membre de notre Académie d'Architecture et dessinateur de notre Cabinet. Depuis onze ans, il est chargé des décorations de nos différents théâtres et de l'Opéra, et c'est sur ses desseins et sous sa conduite que la Salle des Notables et celle des États-Généraux ont été exécutées. Comme architecte, il a fait construire plusieurs édifices publics considé-

---

[1] *Autobiographie de l'architecte Pierre-Adrien Paris, dessinateur du Cabinet de Louis XVI*, dans *Réunion des Sociétés des Beaux-Arts*, t. IX, 1885, p. 192-206. — Cf. aussi Weiss, *Notice sur M. Paris*, extraite de l'ouvrage intitulé *Catalogue de la bibliothèque de M. Paris...* (Besançon, 1821) et *Correspondance historique et archéologique*, 3ᵉ année, 1896, p. 212 et 247-248.

[2] Voyez dans Guiffrey, *Artistes anoblis*, II, p. 239, n° X, la lettre des gentilshommes de la Chambre demandant pour Paris des lettres de noblesse et le cordon de Saint-Michel.

rables à Bourg-en-Bresse, à Châlons-sur-Saône et à Bourges ; il a aussi donné divers projets très utiles, entr'autres un pour la reconstruction de notre château de Versailles, et il est occupé actuellement à achever le portail et les tours de l'église cathédrale d'Orléans, d'après un plan que nous avons approuvé. La supériorité des talents que le Sr Paris a montré dans ces différens travaux, le zèle, l'activité et le désintéressement, dont il a donné des preuves soutenues, sont autant de considérations qui nous portent à lui témoigner d'une manière éclatante notre satisfaction et nous pensons que la noblesse est la récompense la plus flateuse que nous puissions lui accorder.

A ces causes... nous avons annobli et... annoblissons le Sr Pierre-Marie-Adrien Paris...

Donné à Versailles, au mois de juin, l'an de grâce mil sept cent quatre-vingt-neuf et de notre règne le seizième. Signé : Louis, et plus bas : Par le Roy, Laurent de Villedeuil.

(Bibl. nat., Nouv. d'Hozier, dossier Paris, fol. 32 et 34; copie.)

Règlement d'armoiries.

Règlement d'armoiries par Antoine-Marie d'Hozier de Sérigny, juge d'armes de la noblesse de France, pour ledit Sr Paris. Paris, 7 juillet 1789.

Un écu *d'azur à un navire d'or, accompagné en pointe de trois rochers d'argent mouvants de la pointe de l'écu.* Ledit écu timbré d'un casque de profil, orné de ses lambrequins d'or, d'azur et d'argent.

(*Ibidem*, fol. 35 ; minute signée.)

PARIS. — TYPOGRAPHIE PLON-NOURRIT ET Cie, 8, RUE GARANCIÈRE. — 5072.

HONORÉ CHAMPION, LIBRAIRE-ÉDITEUR

Les Sources de l'état civil, répertoire critique, par Marius BARROUX. Un fort vol. in-8° . . . . 5 fr.
Nobiliaire universel de France, par SAINT-ALLAIS. Vingt vol. (complet) . . . . 50 fr.
Armorial général, par RIESTAP. 2ᵉ édition. Deux forts vol. in-8° (100 fr.), net. . . . . 80 fr.
Les Familles titrées et anoblies au XIXᵉ siècle. I. **Armorial général du Premier Empire**, par le vicomte RÉVÉREND. Quatre vol. in-4° de 1450 pages . . . . 100 fr.
Les Familles titrées et anoblies au XIXᵉ siècle. II. **Titres, Anoblissement et Pairies de la Restauration**, par le vicomte RÉVÉREND. En vente, t. I à III . . . . 75 fr.
L'Impôt du sang, ou la Noblesse de France sur les champs de bataille, par J.-F.-S. D'HOZIER, publié par Louis PARIS. Trois tomes en six vol. in-8° . . . . 30 fr.
    Cet ouvrage comprend plus d'un millier de notices consacrées aux représentants des maisons nobles tombés sur les champs de bataille. On y trouve l'indication du genre de blessure, du champ de bataille et de la date du décès, le tout augmenté de notices généalogiques.
Noms féodaux, ou Noms de ceux qui ont tenu fiefs en France, par DOM BÉTENCOURT. Quatre vol. in-8° . . . . 30 fr.
Trésor généalogique de Dom Villevieille, publié par Henry et Alphonse PASSIER. Trois tomes en cinq vol. in-4° . . . . 15 fr.
Il y a cent ans. Liste des titulaires, en 1783, des principaux emplois dans l'Église, les Conseils, la Diplomatie, l'Armée, la Magistrature, l'Administration, les Finances, les Académies, à la Cour, etc. Un vol. in-12 . . . . 3 fr. 50
Catalogue des gentilshommes qui ont pris part ou envoyé leur procuration aux Assemblées de la noblesse en 1789 pour la nomination des députés aux états généraux. Chaque province ou catalogue. 2 fr.
Catalogue des certificats de noblesse délivrés par CHÉRIN, pour le service militaire, de 1781 à 1789. Un vol. in-8° . . . . 2 fr.
Catalogue des preuves de noblesse, reçues par D'HOZIER pour les écoles militaires, de 1753 à 1789. Un vol. in-8° . . . . 2 fr.
Dictionnaire des sculpteurs de l'École française, du moyen âge au règne de Louis XIV, par Stanislas LAMI, avec une préface de Larroumet. Un fort vol. in-8° . . . . 15 fr.
Les Travaux d'art du duc de Berry, avec une étude biographique sur les artistes employés par ce prince. Un fort vol. in-4°, 44 planches. Prix. . . . . 30 fr.
Feuilles préparées pour arbres et tableaux généalogiques, preuves, quartiers, etc. . . . . 1 fr.
L'Annuaire de la Noblesse de France, *fondé en 1843 par* BOREL D'HAUTERIVE *et continué par le vicomte* RÉVÉREND, *paraît chaque année à notre librairie au prix de* **10 francs**. *Il donne l'état des maisons souveraines, ducales et princières; leurs généalogies; une revue héraldique des parlements, des conseils généraux, de l'armée, de la marine, etc.; les naissances, mariages et décès survenus chaque année (généalogies); la jurisprudence nobiliaire, etc. Nombreux blasons en couleurs.*

ENVOI FRANCO CONTRE MANDAT

PARIS. — TYP. PLON-NOURRIT ET Cⁱᵉ, 8, RUE GARANCIÈRE. — 5072.

www.ingramcontent.com/pod-product-compliance
Lightning Source LLC
Chambersburg PA
CBHW060202100426
42744CB00007B/1139